R

REASON

I
N

C
OMMON

常识中
的
理性

S
ENSE

George Santayana

〔美〕乔治·桑塔亚那　著

徐奕春　胡溪　钟璎珦　译

商務印書館
The Commercial Press

George Santayana

Reason in Common Sense

Volume One of "The Life of Reason"

1980

Dover Publications

New York

根据多佛出版公司 1980 年版译出

目　　录

这项工作的主题，它的方法和前提

进步与反思所产生的理想有关。——有效的反思就是理性。——理性的生活，该名称意指一切实际的思想和一切其正当性为其在意识中的成果所证明的行为。——它是艺术的全部内容。——它有一个使它成为可下定义的自然基础。——现代哲学并无助益。——实证主义并非明确的理想。——神话的基督教哲学：它歪曲事实和条件。——自由主义神学对自然界采取迷信的态度。——古希腊人在物理学和道德方面正确地进行思考。——赫拉克利特与即刻物。——德谟克利特与自然可理解物。——苏格拉底与心智自主。——柏拉图充分表达了这一理想。——亚里士多德提供了它的自然基础。——哲学因此是完整的，但需要重新加以表述。——柏拉图的神话替代物理学。——亚里士多德的终极因。现代科学能够避免这种权宜做法。——正确但却无意义的超验主义。——言辞伦理学。——斯宾诺莎与理性的生活。——现代和古典的灵感源泉。

常识中的理性

美的和思辨的残酷性。——被输入的价值：它们的善变性。——控制的方法。——以名望为例。——对美的东西的不相称的兴趣。——非理性的宗教忠诚。——可怜的理想化。——预言中不可避免的冲动性。——检验，被控制的当前理想。

《理性的生活》^①引言

进步与反思所产生的理想有关。

任何可以左右人类生活的力量,如果它们能被人类所认识,都必定会在人类的经验中露出本相。科学或宗教方面的进步,和道德或艺术方面的进步一样,是人的生涯中的一段戏剧性的经历,是他的习惯和心态上的一种受欢迎的变化;虽然这种变化可能常常会关注或迎合外界事物,但是对于他的福利来说,对外界事物的调整也许是重要的。他只能用其生活中对这些外界事物的认识所可能具有的功效,来证实这些外界事物的重要性以及它们的存在。假如人类无数的头脑和细微意识能够像 70 位亚历山大里亚圣贤一样,共同完成交给每一个人翻译的、关于真理的单一译本,那么,整个进步史就是一出道德剧,就是人可能会在一部规模巨大的自传中讲述的一个故事。在这种对心灵的检验中,主要会有哪些主题? 会按照什么顺序来详细叙述这些主题? 而且叙述中有哪些侧重点? 人类在回顾其全部经验时,会承认其哪些冒险经历是一种进步和获得? 接下来的工作的宗旨就是回答这些问题,因为个人可以思辨性地和临时性地回答这些问题。

---

① 《理性的生活》是桑塔亚那的早期代表作,集中体现了桑塔亚那哲学的基本思想,全书共五卷:《常识中的理性》《社会中的理性》《宗教中的理性》《艺术中的理性》《科学中的理性》。——编者

　　一个哲学家几乎不可能有比使自己成为人类之记忆和判断的喉舌更高的志向。但是对事务最漫不经心的考虑里就已经包含了做同样事情的企图。反思从一开始就孕育着最面面俱到的批评所需要的所有综合与评估原则。人一不再完全沉浸于感觉之中就瞻前顾后，就懊悔和企望；和关注当下的感觉激流相反，进行展望或回顾的那些契机构成人生中反思或表象的部分。可是，表象（representation）几乎不可能始终是浮泛闲散的和纯粹思辨的。记忆和反思（因为它们存在，并且构成一种新的、现存的复合体）会在设想不在场者的理想功能上增加改变未来的实用功能。可是，当生命冲动（vital impulse）为反思所改变，并且转而同情和支持对过去所作的各种判断时，我们就恰当地称之为理性。人的理性生活就在于反思不仅发生而且还证明有效的那些契机。不在场者于是就进入当下，不能被感知的价值也得到估算。这种表象远非纯粹思辨的，光是它的在场就能将身体的变化提升为行为的端庄。反思把各种经验汇集在一起，并且发现它们的相对价值；这等于说，在一个被更好地理解并转向某个目标的世界面前，反思表达了一种新的意志态度。反思的范围表示一致且合理的行为的范围；反思的范围勾勒出累积经验的领域，或者，换言之，勾勒出有益生活的领域。

　　因而如果我们在称颂的意义上用"生活"这个词来指称在同具有某种明确的理想利益的世界的对抗中的那种愉快的坚持，那么我们就可以赞成亚里士多德的观点，认为生

活是操作中的理性。于是,理性的生活将是发现并追求理想的那部
分经验——被控制得使天然幸福(natural happiness)臻于完美的一
切行为和被解释得使天然幸福臻于完美的一切意义——的名称。

有如没有记忆一样,如果没有理性,可能仍然会有苦乐存在。
增加这些快乐和减少这些痛苦大概等于着手改进知觉世界(the
sentient world),就好像地狱里一名魔鬼暴卒或天堂中新增补一
名天使。可是,假如因为这些价值观念所寓居的那些存在物彼此
一无所知,并且还因为这种改善在无人祈求和不被注意的情形下
发生,所以,这很难称得上是一种进步;而且这肯定不是人的一种
进步,因为如果没有记忆和理性所给予的理性连续性,人就不可能
具有道德的存在。因此,在人类的进步中,理性不是一种临时性的
工具,它所具有的唯一价值是为感觉服务;知觉的这种改善也许并
不是进步,除非它是理性的一种进步,并且增加的快乐展现了某种
能令人高兴的东西;因为如果对产生一种增强了的生命力的情形
没有一个概念,那么就不可能回忆、衡量或企盼那种改进。因此,
在人类的进步中,理性的生活既不仅仅是一种手段,也不仅仅是一
个偶然事件;它是全面的和具体化了的进步本身,其中包括感官的
愉悦,只要我们能明智地享受和追求它们。详细叙述人的合理契
机大概就等于盘点他的全部财产;因为他在其他的契机(正如我们
无意间正确地所说的那样)并不是他自己。如果他总是用回忆或
预言来擅用这些财产,那只是因为这些财产可能与他的存在有某
种物质关系。

理性像人一样古老,像人性一样普遍;因为我们不可能认为动
物是具有人的属性的,除非他的本能在某种程度上意识到这些本

能的目的，并且使他的观念在那种程度上与行为有关。许多感觉，乃至于整个梦的世界，在心灵中的意象开始以某种方式，无论是以多么象征性的方式，表象在行动过程中所面临的各种力量和实在以前，并不等同于智力（intelligence）。在合理性的全然不在场中很可能有紧张的意识。这种意识在睡梦中、在疯狂状态下都有所显示，而且据我们所知，它可能就存在于普遍本性的深处。只是由无条理的幻象和欲望所充斥的心灵即便看起来能够准确无误地追求某些东西，但它们并没有人类灵魂的尊贵；因为那种追求不会因对其目标的任何想象而受到启发。理性和人性始于本能与思维能力（ideation）的结合，那时本能受到启迪，在其对象中建立价值观念，并由一种过程（process）转变为一种艺术，但是同时意识却变成实践性的和认知性的，它开始包含从中产生意识的平行现实事物（the co-ordinate realities）的某种象征或记录。

　　因此，理性需要两种生活类型的融合，世界上的这两种生活类型通常几乎是完全隔绝的：一种是表现于事务和社会热情（social passions）中的冲动生活（a life of impulse），另一种是表现于宗教、科学和模仿艺术中的反思生活（a life of reflection）。在理性的生活中，如果我们使这种生活达到了十全十美，那么，智力就会马上成为普遍的实践方法及其持续不断的回报。于是，一切反思就会都可应用于行动，一切行动都会结出丰硕的幸福之果。虽然这是个理想，但当每个人练习有用的技艺时，当每个人的热情（passions）使他幸运地得到启迪时，或当每个人的想象产生与他终极利益有关的幻象时，他就一次一次地使这一理想得到部分的体现。每个人，只要他在世界闪烁炫耀的光华后面发现一丝稳恒

的光亮，在快乐或成功下面发现一种清澈的喜乐残余，他过的就是
理性的生活。对于这种生活范围之外的经验，都会因为堕落而后
悔不已。每一个解疑释惑的方案（只要它不又是一个新的错误）、
每一项未被由此产生的另一种失调所抵消的实际成就、每一种不
会孕育另一种更大悲哀的安慰，都可以被汇集在一起，建成这座大
厦。理性的生活是两种因素——冲动与思维能力——的完美结
合，如果将这两种因素完全割裂开来，它们就会使人沦为禽兽，或
者使人成为疯子。这两个怪物的结合生育理性动物。他由不再虚
幻的观念和不再徒劳的行为构成。

> 它是艺术的
> 全部内容。

　　因此，理性的生活是可被称为艺术（就其最
广泛的意义而言）的那种东西的另一名称。当操
作的目的是有意识的，操作的方法是可传授的
时，操作便成为艺术。在完美的艺术中，整个观念是创造性的，它
只是为了得到体现而存在，而作品的每一个部分却是理性的，并令
人愉悦地表达那个观念。另外，像艺术一样，理性的生活不是一种
力量，而是一种结果，即自由的创造能力在有利环境下的自然表
达。艺术和理性都有自然的根源，并且都受自然的制约；但是当一
个过程成功地转变为艺术，因而其产物就具有价值，伴随这个过程
的观念就成为实践性的、认知性的时，反思由于觉得几乎没有什么
东西它不能用某种方法证明其为正当和加以理解，所以开始夸口
说它指导和创造了它觉得自己在其中无拘无束、非常自在的世界。
因此，如果艺术能把它的范围扩大到包括世界上的一切活动，那
么，处处得到举例说明的理性可能很容易把自己想象成是全能的。
尽管这一理想实际上根本没有得到真正的实现，但它却使人们眼

花缭乱,以致他们在其宗教和神学哲学中常常说似乎它已经是真实的和生效的。老实说,这种预言就等于混淆目的与事实、功能与原因,为了智慧和进步,避免这种混淆是重要的;但是,当我们把这些思辨的寓言看作它们所是的东西——上述理想的诗性表达——时,这些思辨的寓言便有助于我们领悟这一理想是如何深深地植根于人心之中,并且给我们提供了一个用以衡量人达到他所梦想的理性完美的方法的标准。因为理性的生活是整个人类艺术的领域,是人对神性的模仿。

> 它有一个使它成为可下定义的自然基础。

研究这种虽然是在人类存在之中但却被表达得很模糊的理想,绝不是预言性的或虚幻的事业。每一种真正的理想都有一个自然的基础;任何一个关注产生这种自然基础的那种生活的人,都可以理解和有把握地解释这种自然基础。除了分析的精神和明智而审慎的人类之爱,即在宏大而迷茫的人生实验中迅速区分成败的爱之外,破译理性的生活不需要其他任何东西。研究理性史的人不应当是浪漫主义诗人,后者没有关于优秀的标准或对完美的憧憬,因每个他觉得正在发生的冲动而无力地哆嗦。理想是自由的,但它们既不比产生它们的生活性质更多,也不比产生它们的生活性质更易变。理想是合法的,而且每个理想最初都憧憬一种真正的、率真的善;但是它们不可能一起实现,而且它们如果不是深深地植根于现实世界的话,甚至连单个也不可能实现。要是不赞同那些试探性的坦率热情——哲学家自己的标准毕竟应当起源于那些热情——的话,哲学家的那种多少有点像法官那样的职责也不迫使他成为讽刺家或审查官。他是人类进步的编年史家；为了衡量那种进步，他应当以同样的程度关注给予人类进步以方向的冲动和人类进步在其中跟跟跄跄地奔向其自然目标的环境。

不幸的是，没有一个现代哲学学派能很好地对人类进步予以评论。实际上，几乎每一个学派都能提供对评论家有用的一些东西，有时是一种物理学理论，有时是一番逻辑分析。我们将需要向当代科学和思辨借一幅它们画的关于人的境况与环境、他的历史和心理习惯的图画。这些东西可以为我们的戏剧提供剧场和道具；但它们并未提供有关戏剧的情节和意义方面的暗示。一种巨大的想象的淡漠笼罩了心灵。学术界中有半数人乐于修补废弃的盔甲，就像堂吉诃德修补他的头盔一样；他们以此表明，在经历了一系列灾难之后，最终仍然可以是完好无缺的、不会受到伤害的。另外一半人则是研究过心理学和进化论的自然主义者，他们从外部观察生活，大自然的过程使他们忘记了她的各种效用。培根确实曾因为科学使

生活更加舒适而一直非常重视科学，而今实证主义者们仍在其滔滔不绝时纪念科学的这种功能。不过，当他们说"进步"这个词时，在他们的口中，它通常是不可避免的变化的代名词，或者至多是朝着他们认为大体上是占主导地位的那个方向变化的代名词。即便他们把某些道德因素与物理思辨（physical speculation）结合起来，这些道德因素通常也是纯粹形式上的，以便使得幸福是可以被寻求的（哎呀！很可能是因为这样做是一条心理学规律）；但我们只是从漫不经心的观察中，或者通过把他们的民族偏见和党派格言汇集在一起，来推测出幸福在于什么。

真相是：即便这个自认为已经摆脱了束缚的、激进的学派，也在遭受超自然主义的后效（the after-effects）之苦。他们就像逃学的孩子，在自由自在中找到了自己的全部幸福。他们以自己摈弃了的东西而感到自豪，就好像那样做需要一种很大的智慧似的；但是他们并不知道自己需要什么。如果你因为除了要求"应该有许多人""他们都应该相似"之外，还进一步询问他们明确的理想是什么，而使他们感到惊讶，那么，他们开始时就会说"应当是什么"是显而易见的，随后他们就会把这个问题提交给多数票那一方。他们抛弃了他们的祖先使理想具体化的方法；他们还没有认识到这些符号代表理性的生活，并且以奇异且令人困惑的方式表达本身是纯粹人性的东西；因而他们依然陷入一个极大的错误，即认为理想是某种偶尔出现的、无意义的东西，在现世生活中没有土壤，在那里也没实现的可能。

> 神话的基督教哲学：
> 它歪曲事实和条件。

导致基督教产生的那些深奥而又悲情的观念，起初曾附属于古代神话，并且很快就结晶成新的神话。基督教哲学中充溢着神话的方式；但神话只是通过歪曲理想生活的历史和条件就成功地表达理想生活。实际上，这种方法并不是祖父首创的；他们从柏拉图那里借用来这种方法，柏拉图本人曾以公开而又无害的方式诉诸寓言，然而这给他的学派带来了灾难性的后果。他也不是第一个使用这种方法的人；因为把诗性虚构看作是超自然事实的展示的那种本能，像灵魂的那种区分不了梦与醒着时的知觉、符号与所指事物、内在情感与外在力量的原始无能一样古老。尽管从某种方面来讲，这种混乱服从道德的力量，但它们使对事物的合理评估成为不可能。歪曲行为的条件与后果不仅仅是思辨的错误;它还包括对性格的假重视和在各种人类事务中进行人为的平衡与协调。当理想被实体化为据称为其自己的表达作准备的力量时,理性的生活就不可能被表达;在理论上,它的操作领域被抢先占有,它的功能已经丧失,而在实践中,它的内在冲动则被人为的刺激和压抑所扭曲。

早期基督教教父哲学-神学体系(the Patristic systems),虽然基础薄弱,但是在它们发展的过程中却极有智慧,包罗广泛;它们使生活颠倒,同时它们也保全了生活。教义给宇宙增添了各种寓言景观;它还添加了无数枝节和赋予经验以新维度的各种力量。然而旧世界就像现代罗马的万神庙一样,依然挺立在其奇怪的环境中;而更为重要的是人类行为的自然诱因,它仍然得到普遍的承认,如果说曾实施一种超自然的惩罚,那只是因为经验和信仰揭示了这样一种情形:在这种情形下,寻求尘世幸福似乎是无望的。自然并未被它的新附属物所摧毁,理性也没有在修道院中死亡:它在那里蛰伏休眠,在合适的季节即可恢复其本来面目,只不过由于长期被幽禁而略微有点头晕目眩和虚弱无力。至少天主教的情况就是如此,在那里早期基督教教父哲学(Patristic philosophy)并没有明显的改变。在新教徒中间,基督教教义已有了一种可作多种解释的新趋势,这种趋势已将基督教教义在实践中令人不安的效果很快降低到了最低限度,并且迅速将基督教教义的种种最初幻觉分割了出去。症状消失了,而病情却更深重了。

> 自由主义神学对自然界采取迷信的态度。

新教各派的信条是出了名的形形色色,而且照例有可能发生变化。几乎没有一种传统与自发的结合未曾在某个方面被考验过。不过,如果我们考虑到主要趋势和最终结果,那么在新教教义中,神话并未消失,它似乎改变了它与现实的关系:神话没有成为自然界的扩展部分,而是成了自然界的根基。宗教不再启示神的个性、未来的报应和比较温柔的极乐世界的慰藉;它既不认真地提出可以通过阶梯到达的天堂,也不认真地提出可以通过规定的祈祷缩短的炼狱。它只是给现实世界一种理想的地位,并教导人们在超自然的领域里接受一种自然的生活。结果是,最虔诚的信徒能对事物作不加掩饰的描述。在开明的教派里,甚至不朽和关于上帝的观念也交给科学探讨。另一方面,很难想象还有比以下这种更加难以改变的着迷:这种着迷让上述这些有才智之人的态度不适合他们所面对的东西。他们接受了自然条件;他们不会接受自然理想。对他们来说,并不存在理性的生活,因为,尽管它的范围是明确的,他们不会毫无反感或抱怨地接受任何人类的或有限的价值标准,不会容忍给生命的价值下定义的现存兴趣,而这种兴趣能单独地影响他们的行为或判断。

在这一点上,希伯来精神(Hebraism)的后效与它的基础相反;因为犹太人非常热爱这个世界,以至于为了赢得并享用它,他们使自己极度关注目的;但是这种努力和训练——它们当然受过神话方面的鼓励——不但没有达到自己的目标,而且变得过分绝对和崇高,以至于认为其目标无论什么时候都不可能是尘世的;虽然可能曾经引起过繁荣昌盛的那种超自然工具(the supernatural machinery)仍然受恩惠,它此时不得不为它所人为培养的热情提供某种更有价值的目标。狂热(fanaticism)是当你忘记了自己的目的时加倍地努力。

有一种认真（earnestness），它与对现实事物的认识或热爱不相称，因此它是阴郁的、内向的，并且自认为比尘世的基础还深邃——这种认真，在文化使它成为对智慧的兴趣之前，当然会产生出一种新的神话。它会试图在群星的背后安置某个由恶魔和难以捉摸的巨灵组成的世界，它认为这些恶魔和巨灵过于另类和坚韧，因而无法成为自己的伙伴或支持者；而且它还会分配给自己无数不明确的任务，而它对这些任务无疑比对尘世当下摆在它面前的那些任务有更充分的准备。然而，即便是这些任务，由于它们是无限整体的组成部分，神秘主义者也可以（也许是做作却又热情地）承担；但是由于他的眼睛总是盯着远方看不见的东西，以及没有任何事情会为了它自己而被做，或没有任何东西会在其自己短暂的在场中被享用，所以世上几乎没有什么艺术和快乐。一切都会变成烦人的苦差事和偏执的迷雾，其中各组成部分都没有终极价值，整体也没有恰当的方向。

> 古希腊人在物理学和道德方面正确地进行思考。

在古希腊哲学中，情况要幸运得多。古人们过着一种理性的生活，并且像其主要兴趣是理性的那些人一样正视各个思辨领域。在物理学中，他们马上跳到动态统一（dynamicunity）和总体演化（general evolution）的概念，因而给了人类生活敏锐的观察原本总是会辨认出的、现代科学大费周折之后才重新发现了的那种背景。两大体系，在两个合理的方面，提供了无疑是对物理存在物（physical being）的最终且基本的描述的那种东西。赫拉克利特在描述即刻物（the immediate）时，发现它处于永恒普泛的变化之中；在那里不可能逮住任何质料、形式、同

赫拉克利特
与即刻物。一性,但是正像在人类灵魂中一样,在自然中一切也都是不稳定、矛盾、重建和湮没。这始终是经验事实;而我们只须废除笛卡尔教导我们在自然与生命之间所作的人为划分,再一次感知赫拉克利特表述的绝对恰当性。这些表述之所以被认为晦涩难懂,只是因为它们是如此令人困窘的透辟和直截了当。即刻物是谁也看不见的东西,因为习俗与反思尽可能快地把存在变成了观念;揭示即刻物的人似乎是思想深邃的,但他的深邃只不过是归真返璞和一种理智上的节制。神秘主义、怀疑论和超验主义都用各种方法试图求助于即刻物;但它们中无一是足够诚朴的。它们各自都在自己的直接观察上添加了一些神话、诡辩或骗人的伎俩。赫拉克利特始终是即刻物的坦诚揭示者:一个没有狂喜和拙劣修辞的神秘主义者,一个并不依靠不知不觉地被采用的习俗来取得成果的怀疑论者,一个没有虚伪矫饰或不当信条的超验主义者。

不过,即刻物并不是一个谈论的好题目,而且,赫拉克利特思想的阐述者们并没有因为单调而不近情理地受到指责。他们所能做的只是复述大师的名言,宣称万物都处于流变之中。当赫拉克利特提出重现(recurrence)规律和可以用来表达许多人所共有的东西的理性时,他打开了通向另一个领域的大门:如果他穿过该门道的话,他的哲学就会大大改观,因为永恒的形式就会像变动的质料一样迫使他关注它们自己。这样的赫拉克利特会抢在柏拉图之前先下手;但是这种综合的时机还没有来到。

德谟克利特与
自然可理解物。与即刻性(immediacy)截然相反的是可理解性(intelligibility)。当一个自然哲学家的兴趣不仅仅是表述经验,而且还是理解经验时,他必然会把现象分解成尽可能类似和简单的、永恒不变的要素,并且认为它们的分离和结合遵守永恒的规律。德谟克利特把这一科学理念发挥到了极致。他通过将超自然的(psychic)存在纳入他的原子论体系,表明了一个问题,尽管后来自然科学几乎放弃了这个问题,但也许有朝一日它会不得不接受这个问题。在我们看来德谟克利特的原子似乎很粗糙,甚至就化学而言也是如此,而且,如果它们也要以令人容易理解的方式证明超自然的存在,那么它们的性质就得要有很大的改变;但是这种粗糙和虚假的简单也有其优点,科学应当永远感谢这个在其初始阶段就能如此清晰地系统阐述它的机械论理念的人。世界并不像我们所希望的那样容易理解,这一点并不令人诧异。在其他方面,它也未能对我们的理想作出回应;不过我们的希望应当是:我们越是能更好地学习如何在世界上生活,就越是能发现世界除了更有利于一切艺术之外,还更有利于理智。

我们称为氢或氧的那种东西的原子最后很可能是世界,就像为天文学制造原子的星球一样。它们的内部组织在我们粗糙的生存平面上也许是无关紧要的;但是,如果它们的内部组织的确揭示自身,那么只有当每个体系内部永恒的部分和永恒的规律是可以辨别的时,它们的内部组织接着才会是可理解的。因此,虽然某个层面上的原子论可以不是一个终极的或形而上学的真理,但是在每一个层面上,它都会描绘实际而且有效的世界结构。我们全靠德谟克利特才知道实际可理解性的这一理想;他因此而成为理性的永恒代言人。他的体系,曾和世界上其他值得称颂的事物一起长期遭受湮没,但现在已经部分获得复兴;尽管它不可能被迅速证实,因为它代表一种终极理想,但科学的每一个进步都在某个方面重新构建了它。机械论并不是其他领域中的一条解释原理。在自然哲学——在这个领域里解释即意味着发现起源、变化和规律——中,机械论就是解释本身。

赫拉克利特很幸运,他的物理学为柏拉图所吸收。遗憾的是,德谟克利特的物理学没有被亚里士多德所吸收。因为有了被观察到的流变和被认为是解释流变的机械论,存在论是完美的;而且如果将一种完美的物理学理论纳入苏格拉底哲学,那么智慧将会是完整无缺的。但是,德谟克利特出现得太晚了,当时观念科学已经占领了整个领域,并创立了言辞的(verbal)和辩证的物理学;因此,尽管亚里士多德具有科学气质和诸多研究课题,但他在可悲的误解基础上建立起了他的自然哲学,使思想陷入混乱长达两千年之久。

苏格拉底与心智自主。　　如果说,古希腊人的那种没有宗教教义的、快乐的自由使他们成了最早的自然哲学家,那么,他们快乐的政治自由使他们成了最早的道德家。苏格拉底行走于雅典广场这件事绝不是偶然的;使他不愿去其他任何场所的不是褊狭的爱国心。他的科学在那里,亦即在个人的独立、理智的活跃以及他的同胞机敏的辩论中,有它的根基。观念科学寓于论说(discourse)之中;它存在于对理性的积极运用中,存在于指谓(signification)、欣赏(appreciation)、意图(intent)和自我表现中。它的要旨是了解自己,这不是因为心理学或人类学可能会描述一个人,而是像俗话所说的"有自己明确的意见"。有自己明确的意见的人也没有被禁止改变他的意见;辩论者与未来的可能性或除演说者之外其他任何人的看法无关。这种真实只是适度的诚实;它的唯一对象是它自己的意图。苏格拉底在精神上发展了关于精神的意义和目的的意识,把逻辑和伦理学永久性地从权威手中解救了出来。他在叫人用其自己的理想来衡量自己——苏格拉底的智者派朋友忘了那样做——后,与他的智者派朋友一道,使人成为万物的尺度。勇敢的人性最初出现于古希腊,并且曾赋予天地之中如此多的事物——此前天地万物一直是丑陋怪异的——以协调的比例和用途,因此人的工作也许会向人的心智证明自己的正确。那种勇敢的人性那时在苏格拉底那里发现了自己准确的定义;当然,正是在理性的生活曾长期得到培育的地方,那种勇敢的人性最后终于得到了表达。

柏拉图充分表达了这一理想。

　　然而,苏格拉底具有一种平民气质,他的功利主义——至少根据它的表达——几乎没有公正地对待赋予生活以效用的东西。他对无神论的谴责——如果我们决定以象征的方式来看待这种谴责的话——并非完全不公正:古希腊诸神并没有在他的哲学中得到明显的尊敬。其哲学原则中出现的是人类的善;你不会叫一个领航员去修鞋,因为你知道自己的目的;但是,一个有教养的灵魂可以怀有什么样的目的,善可以以什么样的最高形式出现,是一个似乎并未引起有天才的他的注意的问题。一直等到柏拉图才来使苏格拉底的伦理学得到最巧妙的表达,才来从古希腊人的良心深处探得那些祖先的理想,这些理想曾经给过古希腊人良心的立法者以启示,并且在古希腊人良心的神圣公民传统中得到了体现。正如黑格尔所说,弥涅耳瓦的猫头鹰到夜里才飞出来①;由于怕人们抛弃一切创造性美德,柏拉图清晰地构思出这些美德,并以一种忧国忧民的口气宣扬这些美德。说到底他只是因为爱美才指责那些诗人;因为他像一个真正的古希腊人和一个真正的热爱者那样希望看到美在现实世界中绽放。正是对自由的热爱使他对他的理想公民百般苛求,以便他们可以有足够的力量来维护自由的生活。而当他放弃令人全神贯注的政务而转向内心生活时,他的阐释证明了苏格拉底的方法绝对够用;而关于理想的爱情和理想的不朽,该说的他都说了。

亚里士多德提供了它的自然基础。

　　　　后人对理性生活的描述始终没有超过这一点。亚里士多德对细节作了改进,并在许多地方进行了拓宽和精确化处理。如果说柏拉图具有比较卓越的想象才华和较大的苦修热忱,那么亚里士多德则具有非常清醒的头脑和恰如其分的言行,而且更忠实于他的民族的普遍情感。柏拉图,由于其眼界和可塑性以及某种预言热情,有时就超出古希腊事物和理性事物的范围;他看到人类的美德为有形的危险所包围和压制,所以他希望以神话的方式认可人类的美德,他津津乐道于转生和地狱惩罚不是完全说着玩的。如果说他的哲学作为一件想象作品独占鳌头,那么,亚里士多德的哲学有纯粹的理性表达的决定性优势。在亚里士多德那里,人性的概念是完全正确的;每个理想的事物都有自然的基础,每个

---

　　① 弥涅耳瓦(Minerva),希腊神话中的智慧女神,她被认为是手艺、医术、雕刻师、乐师、诗人的保护者。猫头鹰是她的圣鸟。黑格尔所说的这句话的意思是,好主意夜里才想出来。——译者

自然的事物都有理想的发展。因此，当他的伦理学被彻底领悟和认真权衡时，尤其是当用柏拉图的那些漫无边际的阐述来填充那个粗略的大纲时，他的伦理学似乎将是完全终结性的。理性的生活在那里找到了自己的经典诠释。

> 哲学因此是完整的，但需要重新加以表述。

正像不大可能很快会有另外一个像古希腊人那样不受令人全神贯注的事务影响的、有天赋的、幸运的，或因为如此好地例示人性而有才能的民族一样，也不大可能很快会出现一个具有亚里士多德的眼界、判断力或权威的、非常清楚地知道如何才能做到既有理智又高尚的哲学家。因此，试图重做别人已经做过并已取得无与伦比的成就的事，也许似乎是徒劳的；阅读和传播亚里士多德用那种不朽的恰当言词和绝妙的简练笔触写就的作品，而不极其详尽地论述理性生活的细枝末节，可能比较简单。但是时代在变化；虽然理性的原理终古不变，但人类生活的事实和人类良心的事实却在变。逻辑出现了新的背景，新的运用基础，所以用新的言语来重新表述旧的真理，更好地证明它们的永久有效性，也许是有用的。亚里士多德在道德方面是古希腊式的、简洁的和初级的。作为一个古希腊人，他把例证、评价、概念和理想论证掺和在一起，而前三者与理想论证的本质并不是不可分的。毫无疑问，这些附加物本身比近代会被用来替代它们的那些东西好，它们不那么矫揉造作，而且具有一种比较高贵的特性；但是在我们看来，它们通过把自然道德体现在不属于我们的生活的形象中来掩饰自然道德中深邃而普遍的东西。它们中并未出现我们最可怕的争斗和我们道德的最终认可。异教徒的世界，因为它的成熟比我们的粗鲁简单,所以在我们看来似乎很幼稚。在那里我们没有发现我们的罪孽与神圣,我们的爱、慈善和荣誉。

在我们的世界里,古希腊人也不会发现他最珍视的东西,亦即他可能以一种更为恒久的自我牺牲精神任由其摆布的那些东西——虔诚、国家、友谊和美;并且他可能还会补充说,他的理想是理性的,他能实现自己的理想,而我们的理想则因过高而未能实现。但是即使我们承认古希腊人更为幸运,我们也不可能再返回去,变成像古希腊人一样。做这种尝试会显得没有现实感,而且缺乏幽默感。如果我们不希望用化装舞会代替实际存在,那么,我们就必须穿我们自己的衣服。我们从古希腊道德中所能吸取的,仅仅是古希腊道德发展的抽象原理;它们在一切现有人性力量中的基础和它们为在这些现有人性力量之间建立完美的融洽关系而做的努力。这些力量本身发生了可察觉的变化,至少在它们的相对能力方面是如此。因此,我们就更加清楚地意识到伤口要止血,要与错误作斗争,以及要少得利。良心的运动已改变了方向;重心位于性格的另一个部分。

招致重新阐述理性伦理学的另一个事实是,随后的历史提供了关于理性伦理学原理的、给人以深刻印象的例证。人类一直在做亚里士多德做梦都想不到的各项令人惊奇的实验;而这些实验的结果甚至可以用来阐明亚里士多德的哲学。因为他的哲学在某些方面需要实验和阐明。他曾受引导而有计划、有步骤地把辩证法与物理学融合在一起,而一切自命不凡的现代哲学都是这一融合愈演愈烈的延伸。苏格拉底的弟子不可能放弃他的理想原则,但他们又不忍心完全抛弃物理学;因此,他们用道德术语创造出一

种模拟物理学,后来从这种模拟物理学中发展出了神学。柏拉图,
由于其生活的时代离苏格拉底较近,而且从个性方面来说也不是
一个自然主义者,所以从未使至关重要的实验超越神话的舞台。
因此,虽然在许多方面亚里士多德的意见也许更加可取,但是柏拉
图仍然是一个比较纯粹的道德主义者。下面这种说法大致上可以
表明他们的相对位置:柏拉图没有物理学,而亚里士多德的物理学
是不正确的;因此,理想的科学在一个人那里受缺乏环境和控制之
苦,而在另一个人那里则受在它不适用的领域里滥用之苦。

> 柏拉图的神话
> 替代物理学。

当时所出现的情况简单地说是这样:柏拉
图,由于他研究过诸多哲学,而且是一个敢作
敢为且多才多艺的天才,所以不满意于他老师
的那种把物理学问题搁置不管的做法。因此,他采纳了赫拉克利
特的即刻物学说,他当时称这种即刻物为现象的王国;因为,如果
你逮住存在于任何一个瞬间的东西,并给它命名,那么它最后就是
某种逻辑本质(比如论说可以解释的那种逻辑本质)的体现;某个
理念在每一个事实中露面,而理想的这种显形就是现象。此外,另
一种哲学给柏拉图的心灵留下了深刻的印象,而且它还曾帮助过
发展苏格拉底的定义:巴门尼德曾经把纯粹存在(pure Being)的
概念称作唯一实在;而且为了满足支持这个学说的那种强论辩术
(the strong dialectic),同时也为了跨越一个无形状的实体与许多与
这种实体无关的现象之间广大无边的鸿沟,柏拉图用苏格拉底的许
多观念(它们全都与现象有关)代替巴门尼德的唯一概念。因此这
些观念获得了被称之为"形而上学潜在"(metaphysical subsistence)
的东西;因为它们相当于埃利亚学派的"绝对",同时也是现象所显

示的现实。

　　这种结合的技巧非常值得称赞；但这种功夫是技术性的，对于柏拉图就任何具体问题所必须说的话并未增加任何意义。然而，这种贫乏的胜利却滋生出许多误解。当时，事物所具有的各种性质与价值被认为潜在于事物之外，而且甚至可能先于事物，并引发事物的存在；这样就能在各种现象的背后安置一个由价值与定义构成的机制来构建一个真实的物质世界。在完全丧失健全的理智，并想象在无限的时空中住着一群处理尘世事务的、有魔力的精灵以前，不可能认真地对待这种梦想。亚里士多德拒绝接受观念的形而上学潜在，但是认为只要观念被等同于各别事物的生命或形式，它们仍然可以是在自然中运作着的本质。因而，这种梦想失去了其真率的野性，但一点也没有失去其固有的不一致性：因为在某种意义上各种性质与价值使事物为其所是，而该意义是纯粹辩证的。这些性质与价值给予事物在理想世界中的地位；但是这些性质与价值在此时此地的显现则需要物理学方面的解释，而这种解释当然只能由原因的物理连接和物理分配来提供。

亚里士多德的终极因。现代科学能够避免这种权宜做法。

　　亚里士多德本人倒是成功地在动力因（efficient cause）与形式本质（formal essence）之间做了必要的区分；但是他的科学只是博物学，机械论在他眼中似乎没有什么道理，在他看来，原因的功效始终应归因于其理想特性；就像在遗传上父亲的人格（而非体格）似乎可以成为儿子的人格的根据一样。每一个理想，在其能得到体现之前，必须先以其他某种体现的形式存在；但是因为，在考虑宇宙的终极目标时理想似乎超越任何给定的体现，所以，最高理想必须以某种方式不具形体地（disembodied）存在。亚里士多德认为，最高理想必须先存在，以便通过神奇的吸引作用为世界的永恒运动提供一个物理原因。

为了对这位集大成的哲学家（他在运用知识方面的巧妙并不少于在预测方面的不准）公平起见，我们必须承认，他只是附带地把至善（the highest good）转化为一种物理力量，这种转化是由于缺乏对机械论和进化论的信仰（在那个时代是情有可原的）。亚里士多德的神（deity）始终是一种道德理想，而且其定义中的每一细节都建立在区别较好与较坏的基础上。在这里不允许迁就自然之道（the ways of nature）而使天国乌云密布；这种神既不必做任何发生的事情，也无需吸纳任何存在的东西。它只有在被运用于物理学中时才是神话性的；在道德哲学中它仍然是一个正统概念。

如果对理想所寄居的那个永恒的王国来说存在（existence）是一个不太讨厌的特性，那么，真（truth）肯定存在；但真与物理的或心理的存在（being）是不一致的。此外，真可以非常好地等同于无动于衷的理智，后者没有任何观点、任何肉体的温馨、任何转变过程，它只应当拥有一切真。这种理智和真是具有不同隐喻背景和内涵意义各种表达，但如果彻底想清楚了，这些表达的含义却是相同的。理智和真都试图唤起人类思维向它自己提出的那种理想标准。这种功能就是它们的有效本质。它确保它们永恒的稳定性，这一特性无疑赋予它们以非常真实而庄严的现实性。使人感到奇怪的只是亚里士多德认为它们所具有的动力学功能，这种功能迫使它们寓于物质世界的某个寓言般的扩大部分。然而，连这种有形的功效也尽可能地被精神化了,因为据说神运动宇宙只是像爱的对象或认识的对象可以运动心灵一样。这种功效被归因于一种实体化的目的(a hypostasised end),但事实上这种功效显然存在于构想出并追求理想的那种发挥着作用的、有推动力的精神中,同时赋予那种精神以它似乎可以有的吸引力。因此,亚里士多德所描述的绝对理智像柏拉图"善"的理念一样仍然与理性的生活有关。虽然这种绝对理智包罗不那么广泛(因为它抽去了所有肉体的兴趣,抽去了所有激情和必死性),但它在自己统摄的领域里还是比较适当和独特的。它庄严地表达思辨性思维的目的;这个目的不是别的,而是尽可能久地生活在永恒的时空之中,吸纳并专心于真。

古代哲学的其余部分属于堕落,它在物理学方面依靠折中主义,在道德方面陷入绝望。曾激励过古希腊的奠基人和立法者的那种创造性气息,已不再给他们的后人以灵感。由于没有能力控制事态的发展,他们就用弃权或顺从来回避,他们的伦理学成了关于个人的经济和感情的事情,不再渴望对国家的形成施加影响或给予存在以积极的目的。思辨和道德都得考虑来世的时代即将来临;理性已经退位,而宗教在那个短暂的空位期后又重返王位,开始了它漫长的统治。

传统把这样的线索交到观察者的手中,在今天他可能会试图编织理想的理性生活。问题是要把关于人生存的条件的可靠概念与关于人的利益的适当概念结合在一起。幸运的是,这两种概念都在我们面前。很久以前,赫拉克利特和德谟克利特就已经在各自的体系——他们的体系显然易见是互补的——中描述过自然,直至我们自己所处的时代,后来的一切评论都只不过是对这种描述的充实和确认。迄今心理学和物理学仍然在重复他们的思想,它们的重复常常具有更加丰富的细节,但从未有过更具根本性和预见性的看法。超验哲学,尽管它自视甚高,也未增添任何非常重要的东西。古代经院哲学想当然地认为,一个像人一样寓于即刻物(其瞬间处于流变之中)中的存在物,需要建构性理性(constructive reason)来解释自己的经验,并在自己不稳定的意识中描绘这个世界的象征图景。回到这种建构过程并研究其各个阶段,乃是一项有趣的功绩;但是,常识和哲学已经进行了建构,而提出用另外方式进行那种建构则是德国人不切实际的傲慢。如果回顾的自我意识抵制理智,并且妨碍它在自己自发的运作中完全知道如何作出的推理,那么,这种自我意识是以很高的代价换来的。在科学的理论化论证或辩证论证到了热火朝天的时候,提醒大家"我们是能思考的人"有时不无裨益;但这毕竟不是什么新鲜事儿。我们知道人生是一场梦,思考又会怎样?但思考必须继续下去,而唯一极其重要的问题是它能把我们引向什么样的实践概念或诗性概念。

> 正确但却无意义的超验主义。

同样,苏格拉底的哲学也透辟而真诚地讲述什么样的善可以为生活所实现。然而,现代理论在这方面为我们提供的帮助却不如它在物理学方面为我们提供的帮助那么多。现代道德家很少会想到,他们所研究的是一切善的科学和达到善的艺术;他们只是想到某组明确的戒律或某种道德情操论,完全抽去了在社会、科学和艺术中起支配作用的理想。他们论述"我应当做什么?"这个次要问题,却没有回答"应当

> 言辞伦理学。

是什么?"这个首要问题。他们不是使道德隶属于政治,而是使道德隶属于宗教,而不幸的是,为了成为推理掩盖下的迷信,这种宗教早已不再是用想象表达的智慧。他们把人分成若干份,他们留在某一种所谓的"道德"中的份额越少,他们认为自己的道德就越高尚;卖弄学问和经院哲学有时走得如此之远,以至在应该囊括人类所有的善的广阔区域里只剩下了抽象的责任感。

这种道德上无价值的伪善无疑应归咎于关于福利条件的各种武断的观点;不是在人性中而是在权威中奠定基础,不是在幸福中而是在拯救中设定目标。不过,现代的一位大哲学家并不受这些先入之见的影响,如果他对文化有足够兴趣的话,他本可以重建理性的生活。斯宾诺莎把人带回到自然,并使之

> 斯宾诺莎与理性的生活。

成为一切道德价值的中心,同时还指出人可以如何认识和征服自己周围的环境。但斯宾诺莎对人类的同情缺乏想象力;他未曾实现过任何崇高的政治理想或诗性理想。在他看来,所有充满激情的东西似乎都是疯狂的,任何有人性的东西似乎必然都是气量褊狭的。人应当是一种其头顶上方星光闪耀的,虔诚而又驯良的动物。斯宾诺莎不是培养想象力而是培养神秘主义,后者实际上是一种替代物。他在思辨方面是一位先知,但在情感方面仍然是一个利未人①。如果要把理性的生活(就其较高的发展阶段而言)嫁接到他的体系上,那么他的体系几乎无需做任何改动;但是这种接纳没有必要,它因为在斯宾

---

① 利未人(Levite)是雅各(Jacob)之子利未的后裔,协助管理圣所(见《圣经·民数记》)。——译者

诺莎的实践理想中缺乏磅礴的气势和豪爽的情怀而变得不自然。

> 现代和古典的
> 灵感源泉。

于是,关于道德哲学,我们只好回到古人那里;但是关于道德灵感,当然用不着回到古人那里。虽然工业主义与民主、法国大革命、文艺复兴,甚或天主教会体制(它把如此多的温柔和智慧珍藏在古代的幻想中)已为哲学家们所遗忘,但它们仍然活在这个世界上,并各自明白无误地表明自己的目标。我们的任务不是构建理想,而只是解释理想,在它们彼此之间以及它们与它们绝大多数同样都会忽略的那些条件之间进行对比。无需驳斥任何东西,因为一切理想和大多数教义背后的意志(will)本身是不可能被驳倒的;但是,当意志的满足被认为或者是自然不可能的或者是与更好的事物相左时,它也许会摆脱偏见并被引向对自己意向的思考。争论的时代已经过去;接踵而来的是解释的时代。

于是,这是下一步工作的安排:从产生一切客体和冲动的即刻之流开始来描述理性的生活;那就是,解说什么样的事实和目的似乎是首要的,阐明自然和生活的概念是如何聚拢在它们周围的,并指出通过这种借助于理性对经验的逐渐把握而接近的那些关于思想和行为的理想。要不是古希腊人在一个生活比现在简单、而个人智力却更坚定和自由的年代里已经为我们描画了一种理想文化的轮廓,当代任何作者都不会有能力执行或构想出这一宏大的任务。

常识中的理性

第一章　理性的诞生

事物的初始阶段是混沌的还是有序的？这个问题曾经在一些学园里争论不休，但是后来便长期无人谈及，这与其说是因为这个问题已经得到了解决，倒不如说是因为争论的一方因社会的压力而缄口不语。在一个观察与辩证再次自由地相互对质的时代，这个问题必然会

> 存在总是有序的，当它与被选择出来的善不相容时，它便被称作混沌。

重新出现。博物学家们追想混沌，因为他们观察到万物均源于种子，并且在再生中改变自己的特性。现在世界上已经建立的这种秩序可以追溯到它没有出现时的情形。另一方面，辩证学家则驳斥这一推定，他们强调，在事物的每一种组合之前必然存在着本身同样明确和精确的另一种组合；他们还进一步强调，某种转变或连续的原理必须始终得到公认，否则那些相继的状态彼此之间就会没有关系，尤其是就会没有以自然规律的形式表现出来的因果关系，而在这种情况下必须先有自然规律。潜势（potentialities）就是布局（dispositions），而布局，就像从任何特定的潜势转变为行动的过程一样，包含秩序。因此，我们被告知，世界必须始终具有一种结构。

如果我们对这两种观点稍加限定或修正，它们也许是可以调

和的。如果我们把混沌理解为一种其中不包含任何我们易于辨别的东西的自然状态,而在这种自然状态下不可能会存在人类的生命和人类的思想,那么,毫无疑问,曾经存在过混沌,而且它还会复返——不,很可能它现在就主宰着宇宙的更为遥远和最为深邃的部分;但这种自然状态必须被假定为有序,如果考虑到其运动的趋势,那么这种秩序直接意味着现存的一切复杂情形和美妙之处、一切感觉和理性。因此,秩序是连续的;但只有当秩序不是意指有利于某种生命形式的特殊排列(specific arrangement),而是意指任何排列时,秩序才是连续的。我们不能说,本质上是不稳定的那种排列转变的过程是瞄准了它随时介入的每一阶段。因为这种过程行进得更远。它很快就废除一切也许引起过注意和产生过爱的形式;它的初始能量(initial energy)使我们也许天真地归之于它的每一个目的全都未能达到。在此也无须提醒我们自己,把结果说成是它们自己的原因总是荒谬的;因为如果是这样的话,即便是可以依附于这种说法的神话感(mythical sense)也是不适用的。在这一点上,总的说来,这种过程甚至没有用机械的必然性来支持应该引导它的价值。那种价值只是片刻得到实现;因此,如果我们认定克洛诺斯①生儿育女是有目的的,那么我们也必须承认他吞食自己的子女也是有目的的。

---

① 克洛诺斯(Cronos),希腊神话人物,奥林波斯诸神以前的远古时代神祇之一。他是乌剌诺斯(天神)和该亚(地母)的儿子,提坦神中最幼者。他推翻了父亲的统治,并为了防止自己下一代造反,吞食自己的子女,结果还是被儿子宙斯所推翻,并被迫吐出他所吞食的所有子女。——译者

> 绝对秩序或真是静态的、无力的、漠然中立的。

当然,当我们回顾性地俯视世界的各种不同的状态时,这些状态就构成另外一种现时的、静态的、所谓"历史之真"的秩序。对于这种绝对的、无力的秩序来说,每一个细节都是必不可少的。如果我们希望滥用语言,甚至于谈论某种"绝对"中的意志,在这种绝对中变化被排斥在外,因此没有任何东西能够超越这种意志而存在或被表达,那么,我们可能会说,这种绝对想要一切永远存在的事物,永恒的秩序不加区别地终止于每一个事实;但这种说法牵涉到运动与生命、准备、冒险和随后取得的成就的余象(afterimage),并大胆提出所有预先假定耐高温材料的、被永恒真理的本质排除在永恒真理之外的假说。这些传统隐喻所具有的唯一作用就是遮掩混乱和感伤。因为耶和华曾为犹太人而战,所以当唯有我们才为得到真理而战时,我们无须继续说真理记挂我们。只是就特殊存在想要特殊事物而言,宇宙才可能想要特殊事物;宇宙只是以其相对的身份才能发现事物是善的,而且它只是以其相对的身份才会对任何事物都是善的。

因此,无论什么时候都存在于世界中的,而且从中产生下一时刻的秩序的那种有效秩序或物理秩序,可以被称作相对的混沌:这是一种混沌,因为第二时刻所暗示和支持的价值不可能属于第一时刻;但这只是一种相对的混沌,首先是因为它可能具有自己的价值,这些价值使它在道德和赞美的意义上成为一种秩序,其次是因为它凭借自己的动量(momentum)也潜在地成为第二时刻的价值的基础。

> 在经验中秩序与利益有关,利益决定一切力量的道德地位。

当生命开始具有内在价值时,它是在看似广袤但在某种程度上却在逐渐消散的混沌中的一种刚出现的秩序。人类只能依其自身秩序得到巩固和扩展的程度来破解和评析这种普遍认为的混沌。因为人的意识显然是实践的;它紧贴着人的命运,可以说显示人的时运温度的高低,并且尽可能地体现决定那些时运的力量(the agencies)。当意识的这种戏剧性的天职根本没有得到履行时,意识完全是混乱的;因此,它所面对的世界似乎处于一种混沌状态。随后,如果经验定型了,并且人类话语中有确定的范畴和恒久不变的对象,那么就会作出这样的推论,即认为事物的最初布局也是有序的,并且实际上正好无意识地有利于本能和智力从那以后已经建立的那些业绩。因此,一种关于起源、实体和自然规律的理论可以被构建和接受,并且可以在事态进一步发展的过程中得到证实。然而,我们会看到,关于过去的可信断言,既不是过去本身在它存在时所能作的报告,也不是它现在能以某种神谕似的方式明确表达和强加于我们的报告。这种报告是建立在当下经验基础上的理性建筑;在粗心大意的人看来,它没有说服力,而对于无知的人来说,它并不存在。于是,虽然宇宙也许不是产生于混沌,但人类经验肯定是始于它自己的一种私密而又梦幻的混沌,它迄今仍然只是局部地和片刻地从这种混沌中显露出来。这种觉醒的历史当然不同于最后被发现的外围世界的历史;不过,它就是那种发现本身的历史,也即能够单独用来揭示世界的那种知识的历史。所以,我们可以使自己免去对真正的宇宙秩序、自然、绝对和诸神的初步礼数。要是我们仅仅努力回想我们自己的经验,仅仅努力追溯产生那些幻影(apparitions)的想象(the visions)和反思,我们就会在适当的时节结识真正的宇宙秩序、自然、绝对和诸神,并更好地评析它们的道德地位(moral status)。

> 被发现的理性的条件不是它的开始。

　　返回到原始感情是一种心理分解的练习,而不是一种科学的技艺。实际上,我们可以像在动物心理学中那样追溯本能和感觉似乎最初出现时的情境,并且可以说,根据间接证据书写理性的谱系。正如后来被发现的那样,理性诞生于一个已经组织得非常棒的世界,它在这个世界里发现了在被称为生命的那种东西中自己的前身、在具有异乎寻常的可塑性的动物身体中自己的位置,以及在使那种身体的易变的本能和易变的感觉彼此协调、使它们与它们所依赖的外部世界相协调的过程中自己的作用。直到意志(will)或意识的压力(conscious stress)——活体惰性的任何改变似乎都与这种自觉的压力相伴——开始对被表象的对象做出回应,并且不是以抵抗的方式绝对地而只是通过劳动相对地和间接地维持那种惰性,才出现了理性。因此,在曾长期通过非理性甚至无意识的程序进行的那种适应的最后阶段,便随之产生了理性。虽然给予理性以任务和支点(point-d'appui)的冲动和环境是固定的,自然则居先。然而,理性的这种母体或摇篮只是外在地属于它的生命。关于条件的描述必须要有先前有关条件的发现,和一位掌握许多材料和许多思想类推的历史学家。在此我们希望恢复理性的生活,但它最初并没有这种科学资源;同人类史的第一章不会包括对天文学、心理学和动物进化论的正式讲述一样,理性回忆录的第一章也不会需要对理性的真实环境的描述。

首先谈谈流变。　　　　　　　　　为了从源头开始讲起，我们必须像神秘主义者所渴望做的那样，试图求助于未被解释的感情。不过，我们不必期望在那里找到平静，因为即刻物处于流变之中。纯粹的感情享有对于具有辩证头脑的人颇具欺骗性的一种逻辑上的虚构(a logical nonentity)。他们在求助必然无法描述的要素时，常常以为自己遇到了真正的虚无(nothingness)。如果他们是不信任思想、渴望无差别之广大的神秘主义者，那么他们可能会欣然接受这种所谓的虚无，虽然它看来好像确实使人感到痛苦，但他们还是希望通过自我克制在那里找到安宁。如果正好相反，他们是理性主义者，那么他们可能会轻蔑地拒斥即刻物并完全否认其存在，因为他们无法在自己的著作中给它下令人满意的定义。不过，无论是神秘主义者还是理性主义者，他们都为自己敏锐的心灵所蒙蔽；虽然辩证论者不能解释即刻物，但它存在。理性主义者称之为虚构的东西是一切观念的根基(substrate)和所在地(locus)，它具有物质顽强的真实性，亦即存在本身压倒一切的不合理性；而试图制服它的人到那种程度就变成了一个言辞不中肯的狂言者，处理存在的微弱余象。沉浸于即刻物的神秘主义者也未曾更好得多地评析这种情形。这种即刻物不是上帝而是混沌；它的虚无是充盈的、不安宁的和野蛮的；就万物具有任何永久性或价值而言，它的虚无产生万物，因此，再次陷入虚无是愚蠢的自杀而非拯救。平静毕竟是神秘主义者寻求的东西，它不在于无差别，而在于完美。如果他自己在某种程度上达到了平静，那么这并不是靠他的激情或柔情，而是由于他仍在践行的那种传统训练的缘故。

因此,理性的发源地就是即刻物,但理性从那里所汲取的,是超越其来源的动量和力量。正是被搅乱的即刻物本身在理性中找到或至少寻求其平静,它可以通过这种平静看到某种理想的永久性。当这种流变设法形成一个旋涡并通过呼吸和营养维持我们称之为生命的那种东西时,它便为思想提供某种不结实的立足点和对象,并且多少有点像沙漠中的方舟,成了永恒事物的流动居所。

一有某种明确的活的东西和某种明确的生
生命是利益的固定。 活目标,生命就开始具有某种价值和连续性。正像费希特和叔本华所认为的那样,意志的首要性就是表明这种情况的神话方式。当然,意志在没有实在或观念——这些实在或观念标示它的方向,并且使它寻求的可能发生之事与它逃避的可能发生之事形成对照——的情况下是不可能存在的;和运动一样,趋势(tendency)也需要有组织的媒介(an organised medium)来使它成为可能,而志向和恐惧则牵涉理想的世界。不过,只是根据观念不可能推断出选择原则,事物的形式关系中并不含有任何利益。所有环视都需要一个任意的起始点;所有评价都依靠一种非理性的偏见。绝对的流变实际上是不可能被止住的;但在观念上止住它的方法是,把它之中的某个据此能测量和阐明它的点固定住。否则它就不可能呈现出任何形式,不可能维持任何偏好;接近或背离被表象的状态,和考虑到事业,容忍或运用意志,就会是不可能的。把超验的自我安置在这个或那个身体中的非理性命运,使身体产生明确的热情,并使身体遭受外部世界各种特殊的蹂躏——这就是一切观察和推论、一切成功或失败的首要条件。

基本的二元结构。

其中包含转变的那些感觉只需加以分析就可以产生两个理想的和相关的词语(terms)——空间中的两个点或感情中的两个特性。当流变强调某一词语,因此使它自己的运动的各个部分和各个方向的区分成为可能时,热与冷、此与彼、好与坏、今与昔这些二元对立(dyads)便冒了出来。最初的态度支持刚萌生的兴趣。在支配我们的影响引起任何一种明确的观念之前,我们在自己身上最初所发现的东西,就是已经在运作的那些本能的运作方式。擅用和拒斥的冲动最先给我们指示大致的方向,而空间本身就像慈善一样无拘无束地开始。

最初的探索。本能是理性的核心。

早期美感教育(early sensuous education)的指导原则与整个理性的生活的指导原则并无二致,即实验(experiment)抑制冲动,而冲动又评判实验。是什么教会婴孩分辨奶妈的乳房与各种各样单调乏味或令人不安的存在物?是什么诱导他去捕捉那种意象(image),注意与它相关的各种事物,并欣然辩认出它们?没有它时的那种不舒坦和拥有它时的那种舒坦。他所知道的首要满足附属于那种意象,而那种满足的力量则分清先于其他一切意象的那种意象和他脆弱的、流动的生活连续体。最先唤醒他的现实感的东西,就是最先能缓解他的不安的东西。

假如这时候融为一体的感情群(the group of feelings)没有在他的身上发现可以被唤醒并成为其近因的本能,那么这种群绝不可能继续存在;它的各种松散的成分就会被听任无声无息地消逝,

并且即使再次出现也不会被认出。经验就会仍然是绝对的无经验
(inexperience)，它就像哗哗地流动的河水或树林中摇曳的阳光那
样顽钝恒久。但本能实际上却是在场的，它如此固定，以至被确定
的刺激所唤起；因此当那种刺激所产生的意象出现时，它就能具有
一种意义和个性。它似乎凭借神授的权利预示某种有趣的事物，
某种真实的事物，因为根据自然的接近关系(natural contiguity)，
它源自某种与生活相关且对生活来说很重要的东西。分享那种特
权或及时全神贯注于那种功能的每一种伴随的感觉，最终都会成
为那种设想的实在的一部分，也即那个事物的一种特性(quality)。

　　在动物的行为中，在有时在精致的生活中暴露出模糊的人性
基本成分的那些梦、强迫观念(obsessions)和原始热情中，也能观
察到自身是非理性的、但又表达身体官能的那些冲动的那种相同
的首要性。在那里，理性的工作还没有完成。我们可以看到在道
德荒原中出现的合理性的断断续续的发展、支离破碎的片断。例
如，在爱的热情中，一种苦恼者并不知晓但无疑是偶然释放出来的
遗传性本能的春汛的原因，突然制止这位年轻人的快乐情绪，驱散
他随意生发的好奇心，也许使他喘不过气来；如果他寻找原因来解
释他的那些中止的官能，那么，他只能在另一个人的在场或形象中
找到原因，尽管他对这个人的性格可能一无所知，而且这个人也许
并不十分漂亮；但是这个形象无论何处总是纠缠着他，他被一种异
乎寻常的悲剧性的急切心情和一种苦乐新感受所控制。如果这种
热情是强烈的，那么在它面前，先前的任何兴趣或责任都会被忘
却；如果这种热情是持续的，那么整个生活可能就会因此而改组；
这种热情可能会产生新的习惯、其他的方式和另一种宗教。然而

所有这种理想主义的根源是什么呢？一切不会说话的动物都具有的那种非理性本能通常是间歇性的,它在此设法控制人的灵魂,并设法争取所有的智力(the mental powers)都支持其多少有点永久性的服务(service),因而破坏了它们通常的平衡。不过,这种疯狂产生方法;这个人也许是生平第一次有了某种生活的目标。像磁铁一样吸引周围所有官能的那种盲目的亲和力(the blind affinity),在这样把它们结合在一起的过程中,使它们充满了不同寻常的精神之光(spiritual light)。

> 较好与较坏的基本范畴。

　　在这里,我们可以清楚地看到,只不过是由爱善之心赋予一切存在的统一性的那种理性的生活,在一种不牢靠的基础上小规模地得到了说明和预示。在人性的高层,也像在它的低层一样,合理性取决于辨认出卓越者;而且归根结底,只有非理性的冲动才能作出这种区分。正像生活是给予迫使普遍的流变乖乖地创造并服务于多少有些永久的兴趣的那种力量的较好形式一样,理性也是给予增强和扩展普遍的流变,并最终也许会保证其得到满足的那种兴趣本身的较好形式。得到这种形式的实体(substance)仍然是非理性的;因此,合理性就像一切优秀一样,也是某种从属的和相对的东西,它需要一种自然的存在物来拥有它或把它归于某物。当明确的兴趣得到认可,用那种标准来评估事物的价值,同时行为转而与那种评估协调一致时,理性就诞生了,并且出现了一个精神世界(a moral world)。

第二章　最初的步骤与最初的波折

先于思想的梦。

意识是个天生的隐士。尽管由于神的安排，它像鸣禽一样被热情和冷漠的符咒镇住，但它最初却完全不关心它自己的状况或保养。为了弄明白这种事情或对它们产生兴趣，意识就会不得不失去自己热诚的纯朴而开始反思；它就会不得不立即高高兴兴地忘却当下，以便努力构想出不在场的东西和假设的东西。可能有人会说，身体有助于自我保护，因为它有一种有机的平衡机制，当身体被打扰不太严重时，平衡机制就会通过成长和合作行为使身体本身得到恢复；但在灵魂中并没有出现这种机制。起初愚笨、最终慷慨的意识考虑得最少的是它自己的利益。它迷失于它的对象之中；假如对外部事物的爱没有把它与其对象的命运联系在一起，那么它在任何时候都不会与自己的未来发生哪怕是间接的利害关系。对理想词语的依恋确实就是给予意识以连续性的东西；意识的各个部分，除了它们通过依靠同一个身体或表象同一些对象所获得的那些东西之外，彼此之间没有关系。甚至当意识变得老于世故并认为它关心的是它自己时，其实它关心的也只是它的理想罢了；它所描绘的世界在它看来是美丽的，而且当它开始把自己看作是那个世界的一部分时，它也可能附带地会珍爱它自己。不过，它最初甚至没有那种坦诚的自私自利性；它径直朝外看；它对自己看到的那些运动感兴趣；它因被表象的世界而膨胀，遭受这个世界的喧嚣之苦，并且也同样心甘情愿地在这个世界的间歇平静中消退。

博物学和心理学由外及意识，因而给予意识一种与其本质完全格格不入的、人为的表达和合理性。这些科学从习惯或表达推断感情；所以，它们仔细分析和思考的只是感情的那些可以表达的和实际的方面。但这些方面实际上却是边缘性的；核心则是一种无需负责任的、放纵的、不可撤回的梦。心理学家们一直在令人作呕地讨论知觉，并且令人恐惧地被一种唯心主义与生物学的结合体所缠住；因为，由于一切科学和一切证据都是外在的，他们必然会只好从物质方面探讨这个问题；如果他们未曾观察产生意识的各种原因，然后却戏剧性地解释那些原因，那么无论什么时候他们都根本不可能抵达意识。同时，他们所考察的那种推断出来的心灵（the inferred mind）只会产生观念，而这种梦会如何看待心理学家从中推断出了心灵的那些自然物体则是件令人惊奇的事。实际上，知觉并不是意识的最初阶段；它是梦所获得的一种隐秘的实用功能，这种梦成了其境况的象征，因此与它自己的命运相关。这种相关和象征是间接的、慢慢地获得的；除非把它们看成是幸运地逐渐变得有意义的各种想象形式，否则我们就不可能了解它们的身份。经验的实质（the substance）在于想象，而不在于知觉，而知识和理性只不过是其经过打磨的终极形式。

> 心灵无拘无束地生长，除了物理力量之外它不受其他任何东西控制。

每一个现实的动物多少都有点迟钝和疯狂。它有时会错过信号，在完全应该采取行动的时候茫然凝视，而在另外一些时候却会突然发飙,在它自己的头脑中引起无谓的骚动。这些缺陷是如此符合人性,以至如果我们能完全摆脱它们的话,我们就会几乎认不出自己。抛却任何迟钝可能就意味着有不知疲倦的注意力和普泛的兴趣,从而实现关于认为凡是有关人性的东西对我们来说都不陌生的那种可以引为自豪的想法;而绝无愚笨可能就包含自知和自制。历史上知名的聪明人不但活跃于一个愚人的心中,而且还缚住一个疯子。他藏身于无知和麻木的保护壳中,以免被这个非常复杂的世界弄得疲惫不堪和糊里糊涂;但那种包裹物同时也使他看不到他的许多最近和最高的利益。他被自己胸膛中正在做梦的那头野兽的滑稽动作所逗乐;他沾沾自喜地看待自己充满热情的幻想,尽管他有时为这种乐趣付出很高的代价。因此,最好的人类智力仍然确定无疑是野蛮的;它穿着沉重的盔甲战斗,并将一个傻瓜奉为君王。

如果意识能有比本能更好地指导行为的功能,那么它在开始的时候可能是非常不称职的。不管怎么样,只有正常的本能所需要的常规和平衡把思想和意志局限在心智健全的范围内。很幸运,我们像动物那样所具有的那种预定的兴趣使我们的注意力集中于各种实际事物,就像一个系有一根有弹性的绳索的球一样,把我们的注意力

> 随后产生内在秩序。

拽回有关的事情的范围内。只有本能迫使我们忽视并很少回想起大量无关的观念。哲学家们常常说一切观念都来自经验;他们绝不可能做过诗人,肯定忘记了自己曾经也是孩子。教育中的巨大困难就是从观念中获得经验。廉耻心、良知和理性不断地拒斥并且忽视意识所呈现的东西;而除了坚持自己的权利并迫使我们漠

视自己的热昏行为(midsummer madness)的习惯和潜在本能以外,意识所呈现的东西还会是什么呢？极端愚蠢和精神错乱只不过是返回到当下意识占支配地位并逃脱了无意识力量的控制这样一种状态罢了。当人们实际上退到了这种返回状态时,我们就说他们是"疯了";或者当他们只不过失去了对意识的那种习惯性的控制(那种控制使意识不能突然产生各种各样的着迷和痛苦)时,我们就说他们"失去了理智"。他们的躯体发生了紊乱,他们的心智非但不校正那种紊乱,而且还立即分享并表现出那种紊乱。梦总是在言说和反思的普通外表下徐徐沸腾。它有时甚至在科学的最高层和最平心静气的科学沉思中有所突破。甚至在那里,我们也很少足够坚定地设想一种真正的物质世界(natural world);在某个时候一些热情的、空想的和神秘的因素会溜进这项计划,并阻碍理性的抱负。

如果身体与其自身或与其环境严重失衡,它就会彻底崩溃。而心灵则不然。疯狂和痛苦可以是无限的;它们只有在支撑它们的血肉之躯屈从于环境并改变自己的习惯时才会消失。如果它们在任何情况下都是不稳定的,那是因为它们通常相当于为强健的身体所克服的,或者完全毁坏身体的那些紧张与连接(strains and conjunctions)。对于实际本能的运作来说并非偶然的疼痛很可能重复出现,而且,如果甚至最坏的习惯也不是间歇的,最无用的激动也令人疲惫不堪,那么,这种疼痛可能是永久性的。因此,疼痛有时会出现暂时的缓解,但绝对没有根治的灵丹妙药。同样,疯狂一旦被确诊也是不稳定的,但当它足够思辨以至无害或不够强大到使人衰弱时,它也可以永远持续下去。

因此，一种充满想象的生活可以寄生在一个人的身上，几乎与他的行为或环境没有任何关系。用这些幻象的力量来被除这些幻象，那是不可能的。梦魇不会将自己赶跑；它会一直持续到引发它的器质性紧张因自然疲惫或某种外部影响而松弛。因此，人类的观念大部分仍然是感性的和琐碎的，它们随着头脑中的偶然想法而变化，而且可以说，除了个人的体温之外，并不表象任何东西。此外，个人的体温有时具有热带的特性。就像有像除了白骨外一无所有的阿拉伯沙漠那样的头脑一样，另外也有像南美热带丛林那样的头脑。当热情的湿热在心灵中占上风时，心灵就会变得茂盛且无止境。难懂且发音清晰的语言、荒诞的神话和沉湎于无限的形而上学观点，异常大量地呈现。然而，最后气候发生变化，整个森林就消失了。

从后天习得的实际能力的观点来看，嘲笑一种只是充满想象的生活是件容易的事情。但是，嘲笑不等于解释，制伏各种古怪念头的更好方法是辩证地描摹这些念头，看它们是否会承认自己的愚昧。最不靠谱的幻想有某些用以自我评价的秩序与评估原理；无论理性的生活的发展如何步履蹒跚，在这些原理中它已经被提及。我们应当像以色列人被领出埃及一样，用我们的梦本身的许诺和辩才把自己领出那个梦。否则，我们可能会杀死那只下金蛋的鹅，可能会通过禁止想象来废除科学。

存在中固有的快乐。

幻想经验在其可能的令人愉快性中具有首要的价值。为什么任何一种形式的感情都会是令人愉快的这个问题不应该超验地予以解释：生理学定律可以根据事实使每一情况成为可断言的；但经验的形式特征与迎接经验的冲动之间任何逻辑上的密切关系（Logical affinity）都不会因此而被曝露。不过,我们发现,有些精神状态洋溢着快乐,而另一些精神状态却充满了痛苦;换句话说,我们毫无理由地喜爱前者而厌恶后者。有些道德家对快乐口诛笔伐,对痛苦却青睐有加;当我们想起他们的主要兴趣是教化,想起在一个行动和放弃是打开幸福之门的两把钥匙的世界里,能够抵御苦乐是一种宝贵的美德时,他们对苦乐的这种态度是可以理解的。但否认快乐是善、痛苦是恶乃是一种荒诞的虚伪:这等于人为地给"善"

快乐是一种善。

和"恶"下定义,从而使伦理学沦为任意的废话。不仅意志对以快乐为基本榜样的经验的那种依附是善,与之相应的、正是痛苦的本质的拒斥是恶,而且当我们从感官上的善恶过渡到它们的最高体现时,快乐仍然是适宜的,痛苦仍然是应当加以防范的某种东西。如果一个人在没有必要的情况下剥夺其他任何一个人的快乐,或者把痛苦强加于其他任何一个人,那么他就是个可鄙的恶棍,而如此这般受到伤害的人会首先作此断言,即使是最高的天国法庭,如果它是公正的话,也不可能撤销那个判决。因为,不管一个人有多懦弱,他喜爱或厌恶任何事物,无论这种喜爱或厌恶是何等轻微,那个事物就会获得相应的、即使所有领域都齐声反对也无法完全消除的价值,这就足够了。本身是好的或者坏的经验始终如此,它在事物之更一般的等级上的包容只能根据被吸收成分的多少成比例地改变那个整体,这种被吸收的成分,就某种程度而言,会用它自己的特色影响总体（the mass）。一个宇宙产生的快乐愈多,若其他情况相同的话,它的一般本性就愈仁慈宽厚;它的构成中包含的痛苦愈多,它的总体性情就愈阴郁狠毒。否认这一点似乎是不可能的,但是天天都有人在这么做;因为当人们沦为迷信的奴隶时,他们就什么都要保持;而在这种情况下,首先失去的是坦诚和正义感。

> 但是不被追求或想起,除非它充满一个客体。

各种快乐的感觉在强度上是不同的;但最强烈的快乐往往是最盲目的,我们很难回忆或评估一种不与明确且复杂的客体结合在一起的情感。若想使快乐成为可以理解的和能被追求的东西,首先是要使它对某物产生乐趣。充满快乐的客体获得一种价值,并在理性生活中给快乐本身以一席之地。我们现在可以给这种快乐命名,关于它的客体的变化可以研究它的各种变体,并且可以按事件发生的先后顺序预测它的各种活动。产生情感(emotion)的世界愈清晰,这种情感本身就愈可控制和可复原。因此,观念中的多元和秩序使快乐的生活过得更加丰富和轻松。如果我们只能在一架天平上称两个事物的重量,庞大且缄默的快乐也许确实会比稀疏地散布于诸多驯良知觉的快乐重;但这样做是不可能的,在回忆和展望方面——如果不是在经验方面的话——多元化的快乐必须获胜。

> 低于人类的快乐。

我们在这里遇到人类发展中的一个清楚地表明理性的生活在多大程度上是件自然的事情的转折点,亦即一种若事情按另一种轨迹发展则很可能会被排除在外的生长(growth)。据说,拉普拉斯①曾在临终时说

---

①　拉普拉斯(Pierre Simon de Laplace,1749—1827),法国天文学家、数学家和物理学家。——译者

过:科学纯粹是徒劳无益的事情;除了爱之外没有什么东西是真实
的。对这种人来说,爱无疑涉及客体和观念:它是对人的爱。不
过,同样的感情突变可以被推进得更远。卢克莱修说热情是一种
折磨,因为它的快乐并不是纯粹的,亦即因为这种快乐中掺杂着渴
望,并且与令人烦恼的事物纠缠在一起。纯粹的快乐中是没有观
念的。许多人在其一生中的某个时刻都曾感受到过这样一种不可
名状的快乐,它使其他一切快乐看上去都像是一出闹剧,就像死尸
玩还魂游戏一样。神秘主义者通常在理性的生活底下寻找幸福的
实质和无限。在所有这些突变以及其他许多情绪中都有某种理
由,因为有条理的生活毕竟是一种试验,动物躯体的形成也是一种
试验,而促成这些生长的无机浆髓(inorganic pulp)很可能有它自
己不能言传的价值,亦即它的绝对的震颤,我们徒劳地试图回忆这
种无机浆髓,并且临终时我们可能会在某种程度上回复到这种无
机浆髓。原浆的(protoplasmic)快乐与紧张也许就是意识的本
质;正如物质总是寻找它自己相称的位置,一切尘埃所回归的海洋
与平坦荒原具有某种原始生命和某种崇高性,一切热情和观念在
耗尽、消退后也可能会返回情感的基调(the basal note of
feeling),并在失去其形式时扩大其容量。如果正是无形式者预先
通过放弃自身存在者讲话,那么失去形式未尝不是一件好事。虽
然在艺术、思想、生殖和管理方面取得或给予形式是令人愉快的,
但我们也都知道限定会悄然消失。当诗人说"现在死亡似乎比任
何时候都丰富"时,在他的身上并不是只有矫揉造作;如果没有一
点儿诗意或矫揉造作,人们就可能会喜欢睡觉、鸦片以及每一种逃
避人性的奢侈方式。

因此,将苦乐系于观念以便使之可以预料并成为行动的要素的这一步,绝不是不可取消的。然而,这是朝着理性的方向迈出的一步;尽管理性之路只是也许向存在敞开的无数条道路中的一条,但它却是我们在此正在勾画的唯一一条道路;显然,它也是人类话语所能勾画的唯一一条道路。

动物的生活。　当意识开始为其强度添加多样性时,其价值就不再是绝对的和无法表达的了。感觉到的意识格调的变化依附于观察到的意识对象的运动;意识的价值就嵌在这些对象中。因此,在想象中可能会出现一个满载戏剧性价值的世界;可怕的在场(presence)和可喜的在场可能会跨越虚空相互追逐;生活将是所有各种感觉的大合唱。许多动物很可能都具有这种经验形式;它们并不是完全沉浸在浑浑噩噩、麻木不仁的状态中;它们能辨识自己所喜爱或害怕的东西。然而所有这一切仍然是一种在零星的运动、努力和痛苦中不断显现的无序景象。时而绚烂多彩,时而激动人心,时而冷漠无情,景色随着时日而变得光亮或暗淡。当一条狗远远地看到其离别许久的主人走过来而心满意足地四处嗅时,这个动物的感情的变化不只是纯快乐的量的变化;此时出现的是一套全新的感觉,它具有一个指导兴趣和欲望的原则;是服从而不是我行我素,是爱而不是自由。但这个可怜的畜生并不想知道它的主人当初为何离去,后来为何又回来,他为何被爱,或者现在当你卧在他脚边时,你为何把他忘了,并且开始嘴里发出呼噜呼噜的声音并想望打猎——所有这一切完全不可思议,被完全忽略了。这种经验具有多样性、背景和某种生命节律;它的故事或许可以用满充激情的诗歌(dithyrambic verse)的形式来讲述。它完全靠灵感来运动;每个事件都是天意,每个行动都是未经事先考虑的。绝对的自由和绝对的无助相聚了:虽然你完全依赖上苍的眷顾,但那种莫测高深的力与你自己的生命是不可区分的。这就是某些形式的虔敬所邀请人们回归的那种状态;它就在人类日常意识层面下不远的地方。

不过,为了揭示这种动物经验的深层
机制,只需更加明确地讲述这种动物经验
所包含的故事就行了。即便是那种混乱无序的戏剧,剧中的人物也有上场和退场的时候;一个能够集中注意力并记住事件顺序的人,能够逐渐发现这些剧中人物的暗示。于是在想象的经验方面迈出了第三步。正像从前快乐和痛苦曾分配给客体一样,现在客体也被引入了世界。一位诗人曾经说:"能够了解事物原因的人是幸福的"[①];这位诗人对人类的基本需求和艺术与文明对这些需求的伟大回应都有足够的了解,因而他珍视理性的生活,认为它是高尚的。发现原因就是把看法变成知识,把运动变成行动。那就是确定事物的相关物,因此它们各自的转变便得到核对,并且它们相互表示。随着这种了解的深入,每一瞬间的经验也都越来越变得相因而生并预示其余瞬间的经验。生活中的平静之处充满了力量,生活的突然变化充满了智谋。任何情感都不可能制伏心灵,因为没有任何东西的根基或结果是完全被遮蔽的;任何事件都不可能完全挫败心灵,因为它看得更远。可以想办法摆脱最糟糕的困

（方框内文字：终于发现了原因。）

---

　　① 见古罗马诗人维吉尔(Virgil,公元前 70—前 19)所著《农事诗》(*Georgics*)第490行。——译者

境;鉴于以前每一瞬间都只充满了它自己的冒险精神和惊诧情感,现在每一瞬间都给先前事物的教训让出位置,并猜测整个过程会有什么样的情节。

在理性的开始,存在着一种选择。并不是所有的印象在促成新的发展方向都发挥同样重要的作用;实际上,许多从前曾对于最佳者来说不分高下的印象,现在都变得模糊了。注意力由于它急于抵达表示另外某个事物的东西而忽略了这些印象。少数贵族用以建立其寡头统治的综合原则本身也不是明确的。逻辑的基本原理像感觉一样,很少不是任意的。这些基本原理可能大相径庭,但它们却用现在看来不可思议的方法制造出了一种有和我们所说的语言一样多的意义的语言。26个字母对于一种语言来说可能就够了,但在所有可能的语音中它们是可怜的少数。所以,语法学家的哲学认为是基本需要的知觉形式和思维范畴,和字词及其句法次序一样,是偶然的。我们也许会问,为什么这些形式在此表现自己呢? 是哪些选择原则指导心灵的发展?

为这种选择提供一个逻辑上的理由显然是不可能的,因为需要解释的是逻辑本身。严格说来,自然的理由也是不中肯的,因为自然的关系,在它们还没有被思想归纳为一种等价和必然(equivalence and necessity)的地方,只不过是材料和并列而已。但是也不必让这个问题处于完全无人回答的状态。我们用自己的感官实际上不可能发现为什么每种感觉都有其特性的原因,但可以发现每种感觉的器官和起因(organs and occasions)是什么。同样,我们可以通过发展理性的生活来理解每种感觉的各种条件。当意识觉醒时,身体,正像我们很久以后所发现的,有一种明确的由身体的冲动所指引的注意力。

结构。没有反思的指引,身体的各种过程一直在运行,在感觉器官和周围客体之间建立起了最精确的亲和力与反应。

感觉和理智被嫁接到这些亲和力与反应上。各种植物具有不同的本性,不过它们经过嫁接之后就长出上好的果实。正是在那些器官受到适当的刺激时,注意力就集中在了明确的感觉上。正是在这个系统自然地运作时,热情、意志和沉思就占据了心灵。用不着三段论来劝我们进食,用不着关于幸福的预言来教我们爱。相反,当场被抓住的生物告诉我们如何推理,告诉我们享受什么。灵魂采纳身体的目标;它从身体及其本能那里获得有关达到这些被接受的目标的正确方法的最初提示。因此,理性就与世界结成伙伴关系,并在那里开始受到尊敬;要不是它表现出操控事件、使它们成为对于人类的利益来说是幸运的或不幸的事情的那些相同的机械力量,它绝不会受到这般尊敬。理性之所以在行为中是有意义的,只是因为,可以说,它一开始就偏袒身体;那种富有同情心的偏袒使它能够辨认出与所选择的利益有关的事件,将冲动与满足加以比较,以及通过表象系统中新一轮趋势,掌控好习惯的养成,这种习惯立刻表现出更多的本能,并对更多的机会作出反应。

第三章　自然客体的发现

大自然，人类
的家园。

下面这句话乍看起来似乎是句废话：智力的首要任务是表象周围的实在，这种实在实际上在人们中普遍流行的、关于时空中的宇宙、称之为自然的一种活的物质引擎的观念中得到表象。当心灵试图构想自然时，它就口齿不清地讲授第一堂课；自然现象既是想象的母语，同样也是科学与实际生活的母语。人和神只能被想象成是大自然的居民。早期经验不知道由于某种未知的原因并不植根于自然界的变化中的奥秘，而幻想也不可能建立在那里不能表达的希望。但我们已经变得如此习惯于这种古老的幻象，以至于我们可能不再觉得把它变出来有多难。我们甚至可能会忘了根本就没有产生过这种幻觉的可能性。在这一点上，对知觉心理学这门常遭诟骂的学科稍加涉猎，可能就会使我们想起很久以前正在萌芽的理智一定无意之中完成了的那项伟大的工作。

构想自然
的困难。

请想一想可能是构成物质性事物之观念的那些冲击当初是如何击中灵魂要害的。要是我们可以忽略其他感官的话，眼和手传递它们连续的印象，所有这些印象都随着外部客体的位置和其他物质条件的改变而变化。许许多多杂乱无章的印象每时每刻从四面八方蜂拥而至。外在的或认识的感觉也没有原初首要性。味觉、嗅觉、事物的警示声在不断地转移注意力。在对从前所有印象,以及脑海中所产生的新的幻想、最初绝不从属于外部客体的事物的回忆中有无穷的混响。所有这些不协调的因素,像巫婆的煎药一样,都被搅和在了一起。而且更有甚者的是:有迹象表明,内在的感觉(比如消化的感觉)对还没有学会表达或辨认永恒需求的原始心灵具有极大影响。因此,为了获得关于在理性出现之前意识可能包含的东西的某种观念,我们必须在外部感觉的涡流中添加由完全盲目的内在情感所引起的中止和懈怠;还有诸如在愤怒、性欲或疯狂中甚至落在相对说来比较善于表达的心灵的那种出神。新生的理性必须同所有这些令人困惑的力量作斗争;而对于过去的那些代价高昂的实验和醒悟至今仍未产生全面的启蒙这件事,我们不必感到疑惑。

超验的疑惧。　　众所周知,19世纪超验主义哲学曾对经验主义传统发动猛攻:它似乎是一种有针对性的攻击,但最终却是相当的无聊和无效。有人相当正确地告诉我们,思维是不可能通过列举其各种条件而得到解释的。一些互不相干、各自都是它自己的一个小世界的感觉不可能把它们自己加在一起,也不可能在虚无中将它们自己连接起来。此外,具有所谓共同原因(an alleged common cause)的经验不会仅仅因为那个原因而拥有共同的对象。一组连续的知觉,不管它们是多么迅疾,在逻辑上也不会引起时间感或连续观念。然而,就事实而言,当发生这种连续,并且一个活的大脑在那一点上必须借助它自己的那些不断消逝的状态(passing states)来取得某种结构调整时,常常可能

会随之产生关于那种连续及其词语的记忆。下面的这种看法也是
很正确的：同时在场（simultaneous presence）或属于不同感觉的
意象联想（association of images），并不因为内在必然性而带有这
种意象的任何融合，或关于具有作为其特性的这些意象的客体的
任何观念。但是，就事实而言，这样的一组感觉的确常常合并成为
一个复合意象；在那里所产生的不是最初在隔绝状态下可以感知
的那些要素，而是一个熟悉的词语，即一种个人的在场。某些本能
的反应附着在这种被感觉到的在场上，而可能被卷入那种幻象之
中的那些感觉，当它们由于任何原因而变得显著时，就被称为这种
在场的特性或效果。

　　过程的这种复杂情况牵涉到记忆的天赋，这种天赋具有以下
能力：它能立即审视许多知觉的痕迹，能感知这些痕迹与当前客体
的密切关系以及这些痕迹被当前客体所吸收的情况，并且能被这
种联系感（this sense of relation）带到这样一种思想，即认为这些
知觉具有一种表象的功能。这是一大步。它显示了心灵的力量。
它展现了意识的那些转变，要是对此进行抽象，我们就把这种转变
的原理叫做智力。因此，我们接下去必须小心谨慎，因为我们正在
挖理性的老根。

思维、生活的一个方面和过渡的。

　　　　　　　　不过，困扰这个学科并如此经常地使
这一学科的讨论不了了之的主要困惑，完
全是人为造成的。思维不是在其中方法和
各种因素把事实的内容抽空的机械运算。思维是生活的一种形
式，对它应当通过与营养、生殖和艺术类比来加以表达。正如休谟
正确而又深刻地所说的那样，理性是一种难以理解的本能。如果

理性要保持些许过渡和存在,那么它就不可能是别的样子;因为过渡是难以理解的,但它却是存在的最深奥的特性。然而,哲学家们觉得思维的功能是选定静态的词语和揭示永恒的关系,他们漫不经心地将只是适合于鲜活的行为的理想对象的东西转换为鲜活的行为;他们期待在这个用心理学方法来处理的过程中发现易懂的演绎明晰性,而这一演绎明晰性则属于它有助于揭示的那个理想世界。可是,可以理解的东西位于经验周边,无理可循的东西则位于经验的中心;而智力只不过是从黏土射向群星的一道离心的光线。思维必须践行变形;虽然这当然是神秘的,它也像运动和意志一样,是人们所熟悉的那些神秘之一,这种神秘与其说是辩证的明晰本身(lucidity itself),倒不如说是自然的明晰本身;因为辩证法通过使意向付诸实现而变得有说服力,但意向或意义本身却是有生命的和无法解释的。

累积的和综合的知觉。　　　计数过程也许是像人们所能发现的那么简单的一个关于精神对能感觉到的材料的作用的例子。比如说,钟敲了两下:如果感觉中枢是非常有弹性的,在受到第一次打击后完全回复到先前的状态,绝不留下那一瞬间振动的任何痕迹,并且不改变习惯,那么可以肯定,绝不可能产生对数的感觉或计数能力。第二次敲击会被报以与第一次敲击相同的反应。不会有效果的累积和复合。不管这种连续的印象有多多,每一个印象都会保持新鲜和纯净,最后那个印象与最先那个印象在特性上完全相同。一、一、一,那也许就是亘古不变的单调回应。就像一代一代虽然生生不已但却不传递经验的、短命的昆虫一样,一成不变的印象循环——没有丝毫进步的永久行进——可能也是重复的。白痴的生活也是如此:他那单纯的头脑毫无阻力地传递每一个冲动而保留无印象的记录。

因此,智力取决于凭借以往事件对结构和意识的修正。为了意识到第二次敲击本身不是第一次敲击,我必须保留一点以往的感觉。第一次敲击必须在第二次敲击到来时仍在我耳畔回响,所以这第二次敲击,当它进入仍为第一次敲击所充斥的意识中时,就成为不同于第一次敲击的经验,而第一次敲击便沉没在了完全空虚并且毫无准备的心灵之中。现在,新来者在继续存在的"一"中找到了一位保证人,这位保证人给新来者取名为"二"。第一次敲击是简单的 1。第二次敲击并不仅仅是纯粹重复第一次敲击的另一个 1。它是 1^1,在此系数代表回响着的第一次敲击,它仍然萦回脑际,并构成在其映衬之下可以辨别新的敲击的背景和远景。因此,"二"的意思是"那个之后的这个",或"又一个这个",在此我们便有了虽然各自单独被感知但却被认为本性相似的两个事物的共时感(simultaneous sense)。重复必须不再是单纯的重复,并且在它能导致重复意识之前成为累积的。

因此,计数的首要条件是,感觉中枢在接受第二个印象时应该保留一点儿第一个印象,或(陈述相应的心理事实)第二个感觉应该同就存在而言有别于它而就特性而言则与之同一的第一个感觉的残余一起被感知。

> 不需要同一动因。

现在,为了确保这一点,感觉中枢在本质上是连续的,或者说,一个"精神实体"(spiritual substance)或一个"超验自我"(transcendental ego)在接受并记录了第一个感觉后执意要及时接受第二个感觉,这是不够的。一个非常有弹性的感觉中枢、一个完全不变的灵魂或一个相当绝对的自我,可能会通过各种未经核对的经验来保持完全与它自己的同一。实际上,如果它被那些相继的冲击或多或少加以修正的话,那么它所保持的同一就会更加准确和确实。不过,一种如此不变的感觉中枢或精神可能没有记忆的能力,没有能力把以往知觉和当下知觉联系起来,或意识到它们之间的联系。使事物之间差异和联系的感觉成为可能的不是被铭记的(impressed)实体中的同一性(identity),而是所呈现的现象中不断加剧的复杂化(complication)。实体或精神的同一性假如是绝对的,的确会阻止比较,因为它会排斥修正,而使比较成为可能的正是现在的修正中过去的修正的遗存。我们可以把许多形式相继映(impress)在同一个水面上,而该实体的同一性并不会帮助这些形式遗存下来并积累其效果。但是如果我们有一种保留我们相继做出的若干冲压(stampings)的表面,我们就可以将该实体由蜡变成石膏,再由石膏变成青铜,而我们劳作的效果就会遗存下来并彼此叠合在一起。能有效地使思想永存和积累经验的是心身方面可塑的实际形式,而不是不变的实体或动因。

假如自然及其所有组成部分不是这种忍耐和坚韧的典范,它们绝不会成功地将它们的存在印(impress)在某种像思想那样易变且无需负责任的东西上。为了吸引注意力并使之保持紧张,也可以说是保持足够的长久,以便使该系统获得一种恭敬的态度,并变得很容易重新采取这种态度,感觉就需要像炫目的阳光一样强烈。此后,那种感觉的重复会得到一种准备好的回应,我们把这种回应叫做"再认"(recognition);

以太阳为例。

旧经验的伴随物会重新排列在新经验的周围,并通过会聚给予新经验一种迎接和解释。例如,举头望天这个动作也许就是加到第一个感觉"豁亮"(brightness)、伴随感觉"高远"(height)上的一个因素;"豁亮"不仅仅意味着亮(bright),而且也意味着高(high)。现在当豁亮再现时,头就会更快地抬起来;我们会寻找"豁亮"曾光耀的地方;"豁亮"大概获得了被放在某处的权利。可能同时灼烤了额头的"热度"大概也在我们的预料之中,而且当我们感觉到它时,它已被投入"豁亮"之中,现在"豁亮"既是"高"又是"热"。因此,时间可以把这组感觉与其他任何感觉联系在一起。它们全都会附着于原初印象,用个性来丰富这个印象,因为个性会很快使它成为熟悉的经验复合体和在观念中很容易再认和完善的经验复合体。

他的原始神性。

就像太阳的豁亮那样充满活力的事物来说,除科学从中抽出被认为是那个天体的各种特性的那些感觉以外的其他许多感觉,在原始人的心目中,全都附着于现象。太阳在他成为实体之前是个神。他不但亮和高,而且更是仁慈的和不可或缺的;他凭借一切幸运的机会而升起,并攻击一切恐怖。他是神圣的,因为所有的生命和收成都有赖于其神奇的循环运行。他的来来往往对于世界来说就是生生死死。像亮的感觉和热的感觉全都被一起向上投射而成为他的躯体的各种属性一样,被他带入灵魂的快乐、安全和希望这些情感也被投射进他的精神;能量、独立和实体性最初主要被归因于这一精神而非其他任何东西。在他的在场中感受到的那些情感是他在我们之中所起的作用的最终的结果和词语,那些情感的对应物或阴影被认为是他的因果关系中最深层的第一因素。引起他的各种幻象并解释他所产生的各种影响的,主要是他神圣的生命,而不是其他什么东西。因此,被归因于客体的实体或独立存在绝不仅仅是或者首先是一个物理学概念。被认为支持物理特性的东西是一种伪精神的(pseudo-psychic)或生命的(vital)力量。我们所构建的是一种精神的(moral)和活的客体,我们用所有情感的、理智的和感觉的材料建造这种客体,这些材料在我们的意识中随时都可以被综合成我们必须想象自己所面对的、混杂的现实。辨别并重新分配这些五花八门的物理因素和心理因素,使神与物质性的太阳分离,则是很后来的事情,它出现于理性生活中的一个不同的、更加反思的阶段。

原因与本质
形成对照。

　　　　　当反思转而理解混乱的经验而忙于再现时,当反思试图以某种方式使来来往往的事物规范化并弄清楚事件的原因时,那种反思就不可避免地转向某种能动的、独立的东西,并且除了在机械科学领域之外不可能有圆满的结果。当另一方面反思停下来挑战飞逝的客体并对它表示怀疑——与其说是准备自己可能的回归,不如说是构想自己现在的性质——时,这种反思就同样明白无误地转向观念,并且最终将成为逻辑,或存在的形态学。我们把独立归因于事物,以便使它们的再现规范化。我们把本质归因于它们,以便使它们的表现或构造规范化。独立最终将成为物质过程中的一种假定的坚定性(constancy),本质最终将成为论说的理想意义或参照标准(points of reference)中的一种假定的坚定性。一个标志着客体的系统分配,另一个标志着客体的既定性(settled character)。

理智的贪婪。

我们谈论再现的知觉,但从物质的角度考虑,任何知觉都不可能再现。每一次再现都是一个有限系列中的一个环节,而且在那个系中都永远占据自己的位置和编号。但是,尽管人类的注意力能俯瞰若干个同时发生的印象并发现它们的相似之处,如果印象出现得太多,人类的注意力就无法使它们保持独特。心灵对形式和认同(identification)有一种与生俱来的偏爱和难以遏制的喜欢。水顺着山坡往下流并不比注意力把经验变为恒定端更坚持不懈。意识中给定的一种本质的若干次重现往往马上就会被忽略,而只有本质本身——即那些各不相同的知觉所共有的特性——才会持续存在并成为内心论说中的一个词语。当钟敲了几下之后,那些重复的印象就相互融合和覆盖;我们在数数的过程中忘记数到哪里了,我们所感知的是钟声的音质和节奏,而不是钟鸣响的次数。如果像计数那样抽象且精确的知觉真的是这样,那么非常显然,从整个空间世界流入的、持续且无限多样的知觉谅必也是如此。关于周围环境的模糊感觉(glimpses of the environment)就像一大群身着制服的士兵一样一个紧跟着一个;这种感觉之流只是偶尔才改变走向、抓住新出现的一缕阳光,或在某一断流时分吸引我们的注意力。

处于自然运转状态的那些感觉不断地回到熟悉的客体,获得各种彼此大同小异的印象。那些细微的差异被统觉(apperception)所淹没,感觉因此开始变得更像是某个内嵌装置的再打磨而非往意识里添加新的东西。感觉每次重新恢复活力时,它的特性与关系只有细小的改变。捕捉极其新奇且具有特质的、转瞬即逝的现象是一项巧妙而奇特的工作。这种做法伤害理智本能,而且含有一种亲身跃入感觉之流的审美力量,把所有的理性压舱物全都扔出了船外并立即逃离了实际生活的惯性和冲力。每个感觉材料通常都马上被饥饿的理智所吞食,并且为了它的生命液(vital juices)而被消化。结果,通常存留于记忆中的东西不但不表象特定的瞬间或冲击——尽管感觉可能会像梦中一样附带地从内部被重新创造出来——反而成为一种逻辑的所有物、一种对某个现实领域的熟悉感,简言之,成为一种对认识(knowledge)的意识。

> 能否知晓超验的东西?

但是我们可能会问,我们自称知晓的这个现实究竟是什么呢? 难道怀疑论者不可以公正地认为没有什么东西像这种所谓的认识对象那样不为人知而且实际上不可知吗? 受到理性如此傲慢地对待的那些感觉,至少在其存续并履行对我们的利益的短暂权利时曾经是某种实在的东西;但这种虽然抓不住却又始终存在、虽然看不见但又必不可少、虽然不可知却又无比有趣或重要的新的理想臆造物究竟是什么呢? 奇怪,我们的认识唯一可能的对象或主题竟然是我们无法知晓的某种东西。

> 能够意谓即刻物吗?

如果我们扪心自问,与现实的哪一种接触会使我们满意,我们期待或想要用什么词语拥有我们思维的题材,那么也许就会出现对这些疑问的解答。它只是我们所期待的证实(corroboration)吗? 它是对感觉中的真(truth)的证实(verification)吗? 假如那样的话,在搜集了我们所需要的一切证据之后,就没有道理抱怨因此同时被暗示的理想词语、超感觉实体、实在或独立的客体本身没有下降到即刻感官表象的舞台。认识不是吃喝,我们不能指望吞食和拥有我们所

意谓的东西。认识是对某个不在场事物的承认；它是一种致意，而
不是一种拥抱。正因为它是表象性的，所以它是感觉的发展。思
维的各词语或各种目标，就其功能而言，必须包含一段一段延续时
间很长的感官经验，必须成为事实间理想的联系、幕后看不见的缆
索、使现象成为可理解的和可控制的过程中的推理思路。一个将
会成为意象（image）的观念也许不再是理想的了；一个必须仍然
是原则的原则绝不可能成为一个事实。一个你能用肉眼看到的上
帝、一个你可以用设置在圣地里的梯子爬上去的天堂，也许都是这
个被创造的和可解释的世界的组成部分，而不是对这个世界的解
释中的词语，也不是精神领域的客体。现在，外部客体被认为是经
验的原则和源泉；因此，它们被说成是理想层面上的实在。在我们
宣称我们的推论是有理有据的之前，我们可以寻找我们选择的一
切证据；但我们不应当要求证据以外的东西，也不应当指望不对现
实事物重新进行推论就能认知它们。它们仅仅被披露于理智
（understanding）。我们不可能停止思考而仍然继续认知。

　　不过有人也许会说，原则与外部客体只是因为它们象征深层
感觉才令人感兴趣，思维是有限心灵的权宜之计，表象是我们渴望
使之物质化为身体所有物的精神过程
（ghostly process）。我们可能会渐渐厌倦
推断真理而渴望成为实在。智力毕竟不是

> 思维是从感觉到
> 感觉的桥梁吗？

强制性所有物；当我们中的某些人愉快地拥有较多的智力时，另外
一些人却发现自己已经拥有太多的智力。思维的紧张使他们焦虑
烦恼，表象他们不能或不愿成为的东西不是他们精神的自然功能。
这种有才智的人认为，仅仅证实观念的经验会延长不满。观念必

须被实在化；它们必须逐渐变成即刻性。如果真实性（reality）（一般是在褒扬的意义上使用该词）即意指这种被期求的即刻性，那么任何思维的理想都不可能是真实的。因此，一切可以理解的客体和整个内心论说领域都将是一个不真实的、约定俗成的结构，它最终侵害它会从中得到其唯一合法性的感觉。

假如这种哲学对词的使用不是有点使人产生误解的话，就会没有必要同它争论。如果你愿意，就把其存在的和即刻的方面的经验称作唯一的实在；那并不会妨碍实在具有理想的维度。理智世界会继续为它被描画于其上的那些意识泡沫（bubbles of consciousness）提供美、意义和范围（scope）。假如那样，实在就不会是思维渴望达成的东西。当从意识中取出理性时，意识就是事物的最低理想。因此，实在需要思维来赋予它所有那些它实际上可能已经完全丧失的人类价值；理想仍然会是使搏动具有旋律、使存在具有意义的东西。

这种语言所偏爱的模棱两可（equivocation）马上就开始显露出来。思维及其所有产物难道不是经验的一部分吗？如果感觉是唯一的实在，那么它难道不应当有时意识到理想吗？直接经验（immediate experience）之于论域（universe of discourse）犹如地皮（site）之于一座城市。后者实质上被完全包容在前者所限定的范围内；但如果直接经验是精神世界（moral world）之所在，那么精神世界就是直接经验的唯一有趣的所有物。然而，当建造起一个无用之物时还把它说成是个无用之物就是一个极其荒谬的悖论；表象其余感觉力（sentience）的直接经验——尽管在表象这种感觉力时认定整体有各种各样的理想和谐——是提升到最大功率

的直接经验:它就是理性的生活。于是,当赋予存在以特性、价值以及表象范围和对永恒的某种留置权(lien)的正是理想的方面

> 柏拉图的自然心智。

时,戒绝理智(intellectual abstention)的哲学把像"实在"这样柏拉图式的术语限制在存在的即刻方面就将是徒劳无益的。

所以,以下这种说法或许更加合理:认识在触及自己理想的目标时便达到了实在。当思维像在数学中一样产生一种稳定、明确的对象时,实在就为人所认知。这种实在的所在地或物质体现就再也看不到了;在逻辑学家看来,这些问题似乎是没有意义的。如果必要的观念在感觉中找不到例证,他就认为事实是反对感觉的重要性和确实性的理由,根本不是他唯心认识的反证。虽然世上根本找不到柏拉图城邦①的遗址,但它的制度还是被记录下来并珍藏于天国;那也不是没有发源地的唯一真实理想。感觉论的或神秘主义的体系中曾被叫作实在的东西现在会被称为现象(appearance),而曾在那里扮演由意识契机(conscious moment)产生的想象结构这个角色的东西,现在似乎可能是一切存在的原型和它进行评判的不变标准。

正是这种理性主义的或柏拉图哲学的体系(大多数人很少会怀疑这一事实)最早表达在普通的知觉中。当你把自己的感觉和它们的原因区别开来,并取笑那些声称桌椅板凳只存在于你的心中的唯心主义者(人们把这类怀疑论者叫作唯心主义者)时,你正在把理性的虚构当作比理性开始照亮其盲目经验的生活诸环节更

---

① 柏拉图城邦(Platonic city)即指柏拉图的理想国。——译者

深刻、更真实的东西。你称之为感觉根据的东西就是对理性的纯
粹信任。你不会傻到从自己的感觉中作不出推论;你不会如此缺
乏想象力地把信念寄托于短暂的现象,以至于否认当你停止考虑
世界时世界依然存在。你觉得自己的理智有更开阔的眼界,并发
现了许多发生在幕后的事情、许多没有人会傻乎乎和目瞪口呆地
注意到的秘密。傻瓜才会为看而看并停止于几乎看不见的东西:
你不但看(look),而且还看见(see);因为你理解。

现在,如果你不辞辛劳进行分析的
话,这种理解的实际负担将会成为怀疑论
者说它所是的那种东西:最终感觉的保
证。但是当记忆和期待中的这些感觉为数众多且模糊易变时,你
不可能在头脑中清晰地把握它们;其实,实现你隐约感到存在于未
来的一切潜力,是一项绝对超乎想象的工作。不过,你当下的印象
确实取决于你偶然的态度和性情,取决于无数琐事,这些印象远远
不能充分表象有可能发现的一切,或实际上人们对于你面前的客
体所知的一切。于是,在你看来,这个客体并不等同于任何揭示它
的感觉,它也不会被所有这些加在一起时的感觉所穷尽;不过,除
了人们可以想象上述这些感觉有可能揭示的东西之外,这个客体
并不包含其他任何不可指定的(assignable)东西。此外,由于它存
在于你的想象(fancy)之中,这个客体,亦即实在,是一种复杂的、
难以表述的实体(entity)、瞬间的总和(the sum at once)、所有特
殊印象的残留物,所有这些特殊的印象支撑着当下的印象,把自己
幸存于论说中的联系(linkage)遗留给了这个客体,因而给了它它
现在所具有的大部分特性。这种混合的客体,其质料是感性的,其

> 事物被断言具有的
> 同一性与独立性。

所在地是理想性的;每一个特定的瞥视与上述这种混合的客体形成对照,而且被认为仅仅是一个瞥视、这个客体向某个观察者呈现的一个方面。这里有两个认同。首先,在心灵中无法区别开来的各种不同的感觉和感受到的各种关系共同形成一个论说词语,它由一个符号、一个单词或一个多少有点完美的感觉形象所表象。第二,新的知觉被归因于那个理想的实体,现在它被称为那个理想实体的显现(manifestation)和后果。

　　实在与现象的原始关系就是如此。实在是建立在记忆、联想和期待的精神复合体(a psychic complex)基础上的、但却在其理想的独立性中由思维的断言能力(assertive energy)构成的一个论说词语。现象是被公认为属于客体自身为其理想表象的那个群(group)的、因而被认为是那个客体的显现的一种转瞬即逝的感觉。

　　因此,关于独立与永恒的世界的观念,是用来标示并且可以说是辩明可再认的感觉组的空间中之聚合(cohesion in space)和时间中之重视(recurrence in time)的一个理想词语。既然理智想掌握经验或理解什么东西,这种聚合和重现就迫使理智构想出这种实在的观念。如果我们想要为这种观念的用途辩护并向自己证明它的必要性,我们需要做的只是在外部现象中指出那种聚合和重现。当初,勇敢的努力和智力的飞翔曾将人类提升到实在概念,使人类能够怀疑和解释现象;如果我们保持对理性的信任,那么那种勇敢的努力和智力的飞翔将通过一场同样自发的和取得胜利的思想运动,继续将我们再次提升到上述那种观念。

第四章　关于对这个发现的一些批评者

作为一种解决方法的心理学。

最先瓦解实体观念,而且在上述方面我们大体上遵循了其做法的那些英国心理学家,并不完全是为这个问题而研究这个问题,或者说,并不是以其目的只是在于对心灵进行历史分析的那种科学的精神来研究这个问题的。他们在其心理学的背后有一个多少有点不怀好意的目的。他们认为,如果他们一旦能证明形而上学观念是如何构成的,他们就会使那些观念名声扫地,并且永远将它们逐出这个世界。如果他们仍然相信什么观念的话——譬如霍布斯相信物体,洛克相信物质和上帝,贝克莱相信精神,这种不怀好意的心理学的继承人康德相信物自体和天国——那纯粹是由于疏忽或缺乏勇气。在这方面他们所选用的推理原则始终是这样的:其材料全都能够在意识中得到解释并全都可以提交给感觉或心灵活动来处理的那些观念,由此枯竭并丧失进一步的有效性(validity)。只有不可解释的,或者更确切地说,未受批评的东西才可能是真实的。因此,在这个学派中,心理学的前进意味着理性的退却;因为当一个接一个的观念被澄清和分解时,根据事实本身,它们的功能性就丧失了。

这些哲学家绝没有想到有效性与真实性(truth)是理想的关

系,观念由于辩证(dialectic)和使用而形成这种关系,绝没有想到当他们一方面指出心灵机制(the mind's economy)中的生命亲和力(vital affinities)和实际约束力(pragmatic sanctions)时,另一方面他们也承认自己哲学的结果是怀疑论的;因为在心灵中不可能找到在那里是现象的观念,而且根据这些现象也不可能作出以某种内在的"做假倾向"为基础的推论。事实上使认识合法化和纯净化的分析在他们看来似乎完全损毁认识,而且他们越是接近经验的"基岩"(the bed-rock),就越感到无法在该"基岩"上建构起任何东西。他们认为,自我认识即是自我探知(self-detection);思维的表象价值随着思维范围的扩大和思维变得更加精细而降低。既很严肃又很聪慧变得不可能;因为使用理性意味着沉湎于主观想象,而刻意不使用理性意味着回落到不会言表的、畜生似的本能。

在休谟那里,这种世故得到了坦率的承认。哲学败坏了自己的名声;但是,一个喜欢智力游戏甚于喜欢十五子棋戏①的才俊可能会同他那个时代的智者和历史学家一起讨论问题或切磋学问,直至时钟敲了十二响聚会结束时为止。甚至在康德那里,尽管情绪比较局促和热切,这种神秘的世故的情况也完全相同。康德也认为:这个世界已被打乱;较之某种难以言状的真(truth),以经验为依据的真则是虚假;较之另一种不宜提及的确实性(unmentionable validity),一切可能发生的经验的确实性则是弱确实性。因为空

---

　　① 十五子棋戏(backgammon):一种靠掷两枚骰子决定走棋步数的游戏。此棋戏从20世纪后期开始风靡于世。——译者

间和时间不能击退将它们斥为感知的必要形式的那种指责,所以它们不可能受到重视;而当"因果性和范畴是必须用来建构自然观念的工具"这一可悲的真相被揭示时,如果这种观念非要存在的话,那么自然和因果性就变得无用并一起蒙受耻辱;所以,灵魂已没有什么事情可做,它必须诉诸某种难以理解的神谕、心中的某种抽象且无意义的预兆,并且必须横下一条心,使自己穿过这个数学幻觉世界而进入更远处某个绿色的孩童乐园。

智力之被错误设想的角色。　　　　我们完全应该自问:这些现代哲学家对古代和中世纪形而上学的抱负抱有什么看法?他们对那些学派使用理性的自然器官并使之发达的用意有多少了解? 老实说,了解得很少;因为他们从古代哲学和常识那里接受了实在与现象的差别,但是他们忘记了那种差别的功能,曲解了它的意思,它的意思只不过是将混乱的知觉变成适合于散漫性思维并在生活的艺术中有效的那些稳定的本性和客体的有规律的活动。哲学曾经是被提升到反思层面的关于知觉的自然科学,客体在被叫作实在的这个更高的层面上维持自身,而在该层面下仍然在挣扎的即是那些被叫作现象或纯粹观念(mereideas)的东西。从巴门尼德和赫拉克利特以后,正视实在的功能被普遍归因于理智。因此,当现代人再次证明构想那种观念的是心灵,我们称之为实在、实体、自然或上帝的东西只能通过理性的运作被达到时,他们并没有作出非常新颖的或有破坏性的发现。

当然,有可能在任何特殊情况下无视理性的建议,比如说,很有可能相信关于外部物质世界的假设是一个错误的假设。但是根据它是一个假设这个事实不能得出这个假设是错误的那个结论。

以那种理由摈弃这个假设,也许就是摈弃一切通过推理获得的知识,并且完全否认思维的有效性。如果智力被假定是一种认识的器官和探究真理的工具,那么一个关于知觉之原因的给定的假设,只能在有了一个关于同一个问题更好的假设时被摈弃。要想更加令人满意,这类假设往往必须以更加明白易懂的理解方案(scheme of comprehension)和更加有用的控制工具(instrument of control)对付现象的多样性和现象的变化。

怀疑主义虽然是片面的,但却始终是可以接受的。它会一直是这样一种自由心灵的特权和源泉,这种自由心灵具有足以使它自己的结构解

> 一切批评都
> 是武断的。

体并从各个不同的方面和以不止一种方法接近它的经验的灵活性。但是,所选择的方法必须本身是一致的,而在那个全面考察的过程中必须坚持所采用的观点;因此,新颖的观点可以在科学中产生的任何重建将仍然是科学,并且将包含种种臆断和教条,而这些臆断和教条必然会与它们所替代的假定和教条形成对照。人们在谈到武断主义时,把它说成好像是一种已经完全被淘汰的方法,或者好像是某种不武断的哲学所能够为其提供代替物的某种东西。但武断主义仅仅是程度问题。某些思想家和某些体系比其他思想家和体系更进一步退入当前习俗的底层,并且使我们更加清楚地意识到在灵魂中悄然运作、使理性的所有快速敏捷的运行成为可能的复杂机械。这种回顾越深刻,该哲学就越少武断。不过,基本构造或基本趋向必须始终保持不变,具有结构并包含明确的生活;因为,如果我们想要达到某个完全虚空且不确定的原点,那么我们应当先达到某种完全不起作用且不偏不倚的东西,亦即一种不含

有任何我们希望解释或实际经验所呈现的东西的空白。当我们从不可避免的预先形成（preformation）和固有的偏见出发，试图建造一座更加简单而高贵的思想大厦，结果成了经验的宫殿、堡垒而非牢狱时，我们的批判哲学仍将是武断的，因为通过一个非派生但又不可避免的推理过程，它将会被建立在无法说明但又实际存在的材料上。

假设的选择。　　　　　　无疑，亚里士多德和经院哲学家们常常是不做批评的。他们过分热衷于在他们为自己的体系所选择的广泛人性或宗教的基础上建立并巩固自己的体系。他们呵护这样一种惬意的信念：他们的思想所含的任何东西都是永恒而客观的真理，亦即神授理智或可理解的世界结构的一个摹本。怀疑论者很可能会嘲笑他们的那种自信；他们的体系只不过是他们的体系罢了。但是，如果我们想要把自己敏锐的怀疑和不安全感变为清晰的信念，那么应该采取的做法就是建立另外一个体系，那也许是一个比较谦逊的体系，它会更加自发且不可避免地在心灵中由经验材料而产生。显然，与之相对立的批评理论也会同其他理论一样暗中提出要得到绝对有效性。如果我们所有的观念和知觉都协力支持新的假设，那么这个新的假设对我们来说就会是不可避免的和必然的。于是，我们就会谴责另一个假设，那真的不是因为它是一个假设（该假设是所有理性思维和解释性思想的共同命运），而是因为它是一个人为的、使人产生误解的、虚假的假设；这个假设并非必然地、清晰地产生于事实，也并未导致在沉思中或在实践中对事实的令人满意的反应。

伪装成热心
人的批评者。

实际上这正是那些存心不良的心理学家所暗自怀有的信念。他们批评性的顾虑和超验的疑惧掩盖了一种对受权威愚弄的强烈反抗。他们曾经起来铲除那些，如霍布斯所说，"老讲废话就是其中之一"的陋习。他们的心理学不仅是一剂泻药，而且还是一个福音。他们那富有青春活力的批评曾被送入世界，以便使新实证主义的道路变成一条直路，但是现在，处于晚年时期的这种批评则被祈求向迷信敞开大门。那些改革家中有些像霍布斯和洛克一样极为关心物理的和政治的机构的利益，他们想要用这些利益来代替累赘烦人的传统约束。他们的批评止于他们实际上不满的领域；他们并不想质问对物质、空间、运动、上帝或其他任何仍使他们保持忠诚的东西的信仰怎么能抵御那种在他们看来消除了个体本质和名义力量（nominal powers）的心理学。对另一个领域感兴趣的贝克莱曾用同样的批评方法来支持另一种武断主义；他用传统的虔诚派天意说作为武器，轻松愉快地试图拆毁理性和科学在空间感的基础上所建的整座大厦。他希望世俗的理智在自然面前回复虔诚的白痴状态，以免对自然史和自然规律的思考造就"数学的无神论者"；而以这种方式被变成一种赏心悦目的梦境，变成由即刻情感、智力和实际信仰组成的模糊物（blur）的外部世界，就会被更加坚持不懈地运用于基督教神话。人们会因必要的忠诚而被束缚于外部世界，不再给认真或理智的思考留下任何敌对的东西。

作为这些部分或全面否认的基础的心理分析，总的说来是令人称赞的；它在区分简单观念和复杂观念、联想原理和推论原理时所诉诸的必要技巧，无非是对于生理心理学在将心理过程归因于其器官的和外部的支持者的过程中所做的事情的预感;因为经验只有它通过区分它的对象和它的器官而在自身中创造出的那些分隔物(divisions)。认为自己能诉诸某种并不揭示外部世界的内省的这些作家,尽管很少明确地谈论外部条件,但是在他们的著作中随处都能看到有关这方面的言论。例如,休谟曾对印象和观念作过本质上的区分,这种区分名义上是建立在相对的鲜明性和时间次序的基础上,而实际上则是建立在分别由外部客体或大脑中的自发过程所形成的因果关系的基础上。

休谟的无端
怀疑主义。

正是休谟将这种心理分析带到了它的目的地,使它更加简单而且普遍适用;他还有另外一个可取之处,那就是:他不曾养育自己的形而上学丑孩子来取代人类理智的合法后代。他的好奇心比较单纯,他的怀疑主义比较公正,所以他非常清晰地以普遍适用的足够准确性揭示了思维的各种自然的习惯和必要的虚构。但是一种被当作对付迷信的武器的心理学的恶意在这里对科学本身产生了报应。像贝克莱一样,休谟在撰写他那部最透辟的著作①时非常年轻,才25岁;他还没有准备好在理论上提出用观念的功用来检验观念,但实际上他和整个英国学派已经本能地采取了这种做法。对有效性的进一步检验似并不令他满意,因为虽然他倾向于反叛和实证主义,但他仍然是那种神话哲学的学生,该哲学把事物的价值归因于它们的起源而非它们的使用,因为它最初以寓言的方式使至善成了第一因。休谟仍然不由自主地呼吸着物质化柏拉图主义的这

① 即《人性论》。——译者

种空气,他在发现任何事物的真正起源时准会想象自己摧毁了该事物的价值。在他看来,非婚生子①乃是不合法的孩子;他的哲学还达不到那位法国女士②的智慧,她曾问道:所有的孩子不都是自然出生的吗? 因此,他的心理学和批评的后果便是对理性的压制;让他可以自由地在十五子棋戏的娱乐和"就座于无人问津的怀疑主义"之间进行选择。

在少年时代,尽管消解性反思仍然压倒休谟心智方面的各种积极的兴趣,他似乎有时候真的会焦虑和怀疑;但是随着年岁的增长和生活的富足,他曾深刻剖析过的那些正常的推论习惯在他自己身上彰显出来,他屈从于"做假倾向"至少到了这样的程度,即不情愿地相信他所撰写的历史、他所受到的赞扬、他所狼吞虎咽地享用的美味佳肴。在怀疑主义中有一种谦恭。要是我们怀疑过甚,对自己财产的持久生、自己邻人的独立存在,乃至贤良主教的信仰和收入的正当理由表示怀疑,那么我们就会违反有关规矩礼貌的习俗。对形而上学家甚至主教的讽刺并不是没有自己的风味;但必须由绅士和饱经世故的人在某处画一条线。当休谟进行思辨时,他在他使自己成熟的兴趣仅限于其中的那个领域里并没有发现任何妨碍采用一切必要而有用的概念的障碍物。他从未将这种信仰自由扩展到更加思辨、更加综合的领域,这只不过是因为他思想的自甘浅薄。要是他对事物的合理性有兴趣的话,他就会像努力去发现他恰好感兴趣的那种历史真实或那种政治功用那样努力

---

① 非婚生子(natural child),从字面上也可译为"自然出生的孩子"。——译者
② 可能是指巴夫勒伯爵夫人。——译者

去发现这种事物的合理性。

康德的知识
代替者。

像贝克莱一样,康德也储存了一种建立在科学和常识的废墟上的个人神秘主义备用。知识必须被挪走,以便为信仰让路。这项工作是不明确的,其中所含的模棱两可也许是下述那些混乱中最严重的混乱:德国形而上学从那时起就同那些混乱作斗争,而且那些混乱使德国形而上学在最深刻的反省和最阴郁的神话之间犹豫不决。用信仰代替知识可能意味着教理智谦逊,使它意识到自己理论的和传递的功能是一种假设和合理虚构的能力,它在事实与事实之间、努力与满意之间建立起一座有条不紊的推论和理想的统一的桥梁。这可能会提醒我们——就像大斋节期间把会导致理智上悔悟的圣灰撒在我们的头顶上一样——正如我们的肉体是尘土,我们的思维是空气,两者都是上帝和自然的不朽活力的暂时工具和暂时产物,这种不朽活力在蜕变为其他形式之前一度养育并启迪我们。

如果康德打算使从前被看作绝对知识的那些相同的自然观念谦卑并凝聚为一种实际信仰,那么他的用意是无害的,他的结论是明智的,他的分析是没有恶意和隐秘动机(*arrière-pensée*)的。人因其有限且有推进力的本性,也因为他是自己生活的朝圣者和旅行者而必须具有信仰:不在场的东西、隐秘的东西、最终的东西是他关注的必然对象。但是,除了其知觉的必然形式向他所呈现东西和其理智必不可少的范畴帮助他构想的东西以外,他还能相信其他什么呢?除了可能经验的对象以外,还有什么可能的信仰对象呢?除了对现实世界的治理和改善以外,实践哲学和道德哲学还会关心其他什么东西呢?毫无疑问,正是通过使用他仅有的可能知觉形式和他的不可避免的理智范畴，人才仍然可以学习——他在某种程度上已经学会了——在这个世界上生活和发展壮大。如果康德的批判只是等于承认人类理性的试探的、实践的和假设的本性，那么对于明智的人来说，这种承认是完全能够接受的；而且它对信仰的吁求也只不过是自然活力和勇气的一种表达罢了，正如它对知识的批判只是更好地认识自我一样。这种信仰原本会召集冲动和热情的力量支持理性，而不是背叛理性。信仰本来会意味着对理智的信仰、一种自然地表达人的实践本性和理想本性的信仰，以及仍然为其成果所认可的唯一信仰。

| 被归因于理性的伪主观性。 |

然而，在处于批判阶段并被应用于科学的康德体系出现理性的这种复原的同时，他用信仰代替知识则包藏着另外的险恶用心。他想痛斥人类智力的整个结构以及一切经验教训和人类技能的一切成就是无意义的，因为它们是"主观的"，并且反而还想把对他严格的宗教教育的某些仿效视为绝对有效。与日常思维机制相比，这些观念无疑也同样是主观的，而且要狭隘和短暂得多；而这些观念始终完全没有以成功或幸福的形式得到实际上的认可这一点居然被宣称是它们崇高的一个证据。"绝对命令"（categorical imperative）是十诫①的翻版；实践理性的设定（postulates）是最抽象的新教的最低信条。他认为，这些化石——它们被发现莫名其妙地嵌在这位老人的脑海里——是内在但却超自然的启示的证据。

---

① 指犹太教、基督教的诫条。——译者

幻想的重建。

只有他所受的教育和他的性格的那种古怪奇特的严谨,才能使我们理解他在制订超自然的设定时所践行的那种克制。他所断言的只不过是他那神秘莫测的道德命令,以及上帝会用来世的享乐报答今世的清教徒。但是同样的原则显然也能应用于其他备受珍视的想象:在习惯于在迷信中发现自己道德的认可的那些人看来,任何迷信都可以被这个原则证明是有道理的。因为关于自由、不朽和天意——它们在理性或经验中的所有证据先前已被否定——的"实际"证据,在敷衍性的诡辩方面,超过了人们所能想象的任何东西。然而,这个可悲的结语实际上是所有调查研究的指导思想。自然已被证明是人类想象的虚构物,所以,我们一旦摆脱对自然事实和自然规律几乎虚假的忠诚,就可以自由地创造我们所选择的任何世界,并且认为它是绝对真实的,不依赖于我们的本性而独立存在。奇怪的先入之见:人类的部分生活和心智可以成为通向现实的林荫道,并使人们与外界永恒的东西发生联系,而人类的全部生活和心智也许做不到这一点!概念就起因于我们生命(our being)的那些要素,起因于我们的感觉、理智和想象,它们受到许多代人观察和醒悟的持续不断攻击而自行成形,这些概念不但可以在下述这种意义上被说成是主观的,即一切知识显然都必须如此,因为某人所拥有和获得的正是知识,而且还可以在一种贬损的意义上,与某种更好的知识形式相对照,被说成是主观的。但这是一种什么样的更好知识形式呢?如果它是关于事物真相而非假象的知识,那么我们必须记住,实在就是理智从感觉材料推断出来的东西;然而,这种推断的原则——人们最初就是根据这些原则来区分现象和实在——正是现在被视为主观、具有只是经验上的合法性而遭摈弃的那些原则。

"只是经验上的"是一个糟糕的短语：非经验上的东西比经验上的少（what is other than empirical is less than empirical），而与终极经验没有联系的东西就是仅仅在现时幻想中给定的某个东西。例如，真正的宗教之诸神就是一个连续经验中的一些词语：心地纯洁的人可以看到神。如果把这个更好的、较少主观性的原则说成是道德律，那么我们必须记住，具有实际意义和真正尊严的道德律所处理的是自然界的事实和力量，它表达人在时空中的命运以及人的痛苦、快乐和其他一切经验情感所涉及的兴趣和抱负。这并不是康德所诉诸的道德律，因为它是自然结构（the warp and woof of nature）的一部分。他的道德律是一种个人迷信，与世人的冲动和需要不相干。他的超自然观念是他那个学派和他同时代人的超自然观念，这一观念并没有传给他的那些比较有影响的门徒：传给他们的只是对感觉、知性的蔑视，和对经过他低调的示范业已被认可的、在批判哲学应该开辟了的广大空地上建造空中楼阁的那种做法的鄙夷。

在从霍布斯到康德这一脉哲学家中，人们可以清楚地看到，随着形而上学残余的逐渐减少，批判的和心理学的机制在容量与价值上不断增强。由于开始出现经验心理学，在霍布斯和洛克的著述中有一种混合而成的抽象唯物主义；由于分析性批判的扩展，在贝克莱的著述中有一种大众化的、幼稚的、在理性方面毫无进展的神学；由于全面审视人类的思维习惯，休谟撤回到了实际惯例；通过精心打造并牢牢抓住创造性知性的概念，康德完全飞离了自然界。

批判哲学，一项关于精
神建筑方面的工作。

尽管批判哲学在安排上有些做作
和学究气，但它还是提供了前人从未
提出过的关于华美的理性建筑（the
rich architecture of reason）的概念。批判哲学揭示了能同人体组
织相比拟的复杂结构，这种结构为那个由意向和反意向织成的精
密网络所拥有，而这个网络的颤动就是我们的思想。智力的动态
逻辑被揭示了出来，而观念的等级体系，即便对它的追溯不总是正
确的，但至少显示在它的原则中。就像休谟的工作是洛克的工作
的伟大扩展，或洛克的工作是霍布斯的工作的伟大扩展一样，批判
哲学是休谟的工作的伟大扩展。正是形而上学残余实际上已经消
失这一事实——因为第二批判①中的弱重建与本话题无关而可以
不予考虑——使得这项工作②基本上是有效的，使它基本上变成
对某种真实的东西的一种描述。因此，它是教育的伟大源泉，是心
灵问题的优秀目录或宝库。但这项工作常常得到过高的评价。它
是一个虽然勤勉但却混乱的头脑的产物。它不仅包含偶然发生的
矛盾——任何全新的工作应该都含有这种矛盾（因为没有人能立
即改变自己的全部词汇和看法）——而且还包含绝对基本的、无法
辩解的矛盾，比如理智的先验功能与理智的有限权限之间的矛盾，
或物自体（things-in-themselves）的功效与物自体的不可知性之间
的矛盾。康德的假定与他的结论、他的迷信与他的智慧交替更迭

---

① 亦即康德的《实践理性批判》。——译者
② 是指批判哲学。——译者

而非彼此抵消。

不连贯的思想。　　　　"经验是两种因素的产物"是康德所做的
一项假定。它以心理学的类比为依据,亦即
以以下事实为依据:器官和刺激对于感觉来说是必不可少的。"经
验是自然的实体或质料"(自然乃是思维的建构)是康德的、建立在
内在逻辑分析(intrinsic logical analysis)基础上的结论。在这里,
经验显然被看成是某种无前因和无条件的东西,它本身是一切可
思考物的根源和条件。康德根本不了解经验的先验功能(the
transcendental function of experience)与其经验的原因(its empirical
causes)之间的关系。他使应当是基本的先验论——如果我们真
的了解先验论的话——成为派生的;而使于是应当是派生的实在
论成为绝对的。因此,他的形而上学一直是寓言式的,而他的唯心
主义则一直是持怀疑态度的或存心不良的。

问一下"经验的条件"可能是什么意思,康德的那个令人困惑
的难题马上就会自行解开。跟原因一样,条件这个词掩盖了辩证
关系和自然关系的混淆。在辩证的意义上讲,经验的条件是一个
事物为能配得上经验这个名称所必须具备的特征;换句话说,它的
条件就是它的名义本质(nominal essence)。如果经验被用来泛指
任何既定事实或一般意识,那么经验的条件只是即刻性。如果像
经验论作者经常做的那样,把经验用作感觉的冲击,那么经验的条
件就有两个:敏感的器官和能够刺激它的东西。如果经验最终被
赋予最高的、最丰富的含义而意味着通过生活积累起来的知识储
备,那么经验的条件就是智力。康德在最后一种意义上使用这个
词,以一种混乱但却基本上是结论性的方式表明:只有把范畴应用

到即刻材料上,才会产生对一个井然有序的宇宙的认识;或者换句话说,知识是一幅图景,并且具有一定的视角,因为对于对扩散和连接的风景的既定思想来说,知识就是在场。范畴是解释的原则,通过这种解释,平实的材料在思想中获得这种视角,并成为整个连续的或并行的存在系统的典型。

在第二种意义上,经验是一个留给具有某些自然条件的东西,亦即留给从刺激与器官的接触中迸发出来的火花的术语。这种情形促使康德改变自己的观点,使他经常在自然原因或必要前提的意义上谈论条件。智力并不是思想和知识的前提,而是它们的特性和逻辑能量。综合并不是丰富经验的自然条件,而只是丰富经验的辩证条件;它并没有引进这种经验,而是构成这种经验。不过,经验的整个框架和辩证模式开始在康德的神话中作为幕后机制、非自然有效力量系统、配偶,描述人类思想所具有的争端。因此,这个观念本身就会使人联想到——不巧回想起实际心理状态也有助于使人联想到—— 一切经验从任何一种意义上说都有超自然的前提,而经验的辩证条件在最高级的意义上是最低级经验的有效条件。

几乎没有必要说绝对经验可以没有自然条件。抽象事物的存在可以没有原因;因为每一个真实的条件都必将成为绝对经验的一个因素,而每一个原因都会是某种存在的东西。当然,有一种朴实无华、不会耗尽的经验——即任何一种特殊的感觉、思想或生活——否认它受制于自然条件将是荒谬的。例如,圣劳伦斯[1]被

---

[1] 圣劳伦斯(Saint Lawrence,? —258),罗马基督教殉道者。——译者

火烧死的经验有若干条件,其中有火、法庭的判决和他自己坚定的基督教信仰。但这些条件是可以想象的经验的其他一些部分或客体,而我们知道,这些部分或客体与我们认为它们所决定的那个部分同属一个系统。在我们的探索和推论思想中,某一部分可以成为期待或猜想另一部分的根据。

> 自然,真正的条件系统。

因此,自然是它自己诸条件的总和;整个客体,即观察到的部分加上添加的部分,是自存的事实。在心灵的经验流(empirical flux)中,心灵是这一复合体的一部分;说它是它自己或其他客体的条件是怪诞的谎言。婴儿偶然的光感既不是他自己存在的条件,也不是他母亲存在的条件。真正的条件是这个世界的其他那些部分,正如我们从经验中所发现的,没有那些部分,光感就不会出现。

如果康德在较好的哲学学校里受过训练,那么他就会发现"主观条件"这个短语在用词上是自相矛盾的。当我们发现自己不得不探究现实事物并想象某种先行或潜在的东西为它铺平道路时,我们实际上是在构想潜在的亦即"客观的"世界。因此,根据先验的必然性,一切前提都是客观的,一切条件都是自然的。使意识中真实存在的片断结合在一起的假想潜在性(an imagined potentiality)就是客体或事物的定义。自然是潜在的诸可观察事物的总和,其中有一些事物是确实被观察到的,而另外一些事物则是通过假设而被添加的;在把自然看作是心灵的条件而不是把心灵看作是自然的条件方面,常识正好与康德的主观主义形成对照。这并不是说经验和感觉不是从其中必然能理智地推断出自然的物质部分——某种本质上能动的、潜在的东西——的那种唯一的既定存在。但"条件"难道不是推断出来的吗？就其最深层的本质而言，它们难道不是潜能和力量吗？康德所虚构的条件也是推断出来的；但对它们的推断是不合逻辑的，因为那些"主观的"条件是变成前提的辩证性，而物自体则是没有自然功能的自然客体。只有经验（experience）是给定的，它是从其中推断出它的条件的根据：因此，它的条件是来自经验的（empirical）。自然的第二身份（the secondary position）与一切原因、客体、条件和理想的第二身份相匹配。使经验的条件成了形而上学的东西，并使其在认识的次序上先于经验本身，这只不过是一种存留下来的柏拉图主义而已。形式被实体化为施动者，神话机制被想象成在任何正好具有那个形式的东西上压印那个形式。

　　所有这一切都与康德自己的发现和他的批判学说相反，他的批判学说表明这个世界（这个世界是那些条件的复合体，经验随着它在认识方面的进展而把那些条件归因于它自己）在认识的次序上并不是在经验之前，而是在经验之后。他的主要疏忽和基本矛盾在于看不到条件集的概念恰好正是自然的概念，所以他使自然的概念加倍，一个是经验之前的自然，另一个是经验之后的自然。因而，第一种自然成了神话的自然，第二种自然成了幻觉的自然：因为被认为决定经验的第一种自然是一套鬼话（a set of verbal ghosts），而唯一能够用科学的方法来观察或发现的第二种自然则被宣布为是虚构的。其实，单一的自然或理智所建构的经验的条件集是我们的思想和理想地完成的感知的对象。这既不是神话的也不是幻觉的。严格地说来，它在自己的体系以及自己的许多部分中是假设的；但这个假设是绝对安全的。无论在哪一点上来检验它,我们都会发现我们所期望的经验,理智由此所做的推论在存在的每一瞬间都在感觉中得到证实。

> 主观主义中矫揉造作的哀婉。

康德学说中的模棱两可性使他成为恶意心理学(malicious psychology)必须提出的那种知觉批判的糊涂代表。当心灵有了自己的重大发现,认出了独立的客体,因而迈出了它的理性生活的第一步时,我们需要清楚地知道这一步是真的还是假的。如果是假的,那么理性本身就是骗人的,因为在对经验的理智掌握中必不可少的假设是虚假的,经验的细节没有什么根基。当时,康德的回答是,客体的发现在经验领域里是真实有效的;从科学上说,知觉是有原因的,思想可以从知觉中推断出知觉的原因。但这种推断并不是绝对真实的,或在形而上学意义上真实的,因为在可能经验那边有一个真实的世界,而且还有非理智的神谕,我们可以通过这些神谕获得关于那个不能切实感知的世界的知识。这种神秘主义败坏了在科学和经验的应用方面成为康德体系特征的理智主义(intellectualism);"经验的实在不是真正的实在,而是推断性思维达到的对象,它只是一种观念而已"这一反断言使使用诸如原因、实体等范畴(亦即构成实在观念的那些范畴)的理由成为无效。像怀疑论者所认为的那样,具有天然即刻性的现象本身也不是真正的实在;它是出现在假定的直觉思维中亦即非推断性推断或非论证性论证中的客体领域。

所以,尽管康德坚持那个几乎无须迫使人们接受的观点,即正是心灵通过从感觉材料得出的推断发现经验的实在,但他同时也承认,对知性的这种使用是合理的,甚至是必要的,自然观念就这样构建了他的经验真实(empirical truth)。不过,仍然有这样的一种感觉:不知为什么,经验真实总是不充分的和虚幻的。知性是一种浅薄的官能,我们可以通过另外一些神谕的方法达到非经验的实在。如果经验暗示了任何一个实在——例如,像上帝这种实在——而且理性也发现了它,那么为什么它不能像月球背面一样是经验的呢? 或者,如果任何一个事物即没有被经验所暗示,也没有被理性所发现,那么为什么它居然会被叫作实在,或为什么它会一下子吸引住了一个人醒着时的注意力? ——这些是康德从未告诉过我们的,也是他本人从不知晓的。

在知觉这个问题上,贝克莱的立场则更鲜明;因此,我们可以把他看作是试图使关于物质客体的发现成为无效的那些批判者的一个相当不错的代表。

贝克莱说,我们的观念是在我们的心灵中;物质世界是由我们的观念拼凑而成的;因此,它只存在于我们的心灵中。对这样一种看法,即认为关于外部世界的观念当然是在我们的心灵中,但是我们的心灵通过把感觉看作是分布在永恒空间中的永恒实体的功效建构了关于外部世界的观念,贝克莱会回应说,这毫无意义,因为"实体"、"永恒"和"空间"是非存在的观念,也就是说,它们不是感觉中的影像。不过,它们或许是像"精神"(spirit)那样的"概念"(notions),贝克莱胸无城府地把"精神"纳入自己的体系,说来不

> 贝克莱的知
> 觉代数学。

可思议,它竟然成了具有观念者(*that which has ideas*)。或者,它们或许是(大概也正好适合于我们的目的的东西)他在别处称呼它们的那种东西,即用来使思维活动便捷的代数符号。如果我们从非常不严格

的意义上来理解"代数的"这个词,那么它们实际上就是如此。就其对象或意义而言,它们如同现有的代数符号,不是具体的影像,而是心理过程中的项、推断方法中的元。那么,为什么谴责它们呢? 我们可以信心十足地用它们来把我们带回到它们所代表的具体价值和它们使我们能够论述和发现的种种关系。因此,经验会有可以理解的结构和连接,心理分析会由认识构成而成为它的感性材料和理想对象。那么,贝克莱反对推断的这些代数方法以及这些方法所涉及的空间、物质、独立存在、有效的因果性等概念的理由是什么呢?

物理学的恐怖。 他所厌恶的是这样一种信念:解释经验的这种方法是终极性的和真正有效的;通过像"数学无神论者"那样思考,我们就能够了解经验,经验也能够被我们所了解。如果观念流除了那种联想系统(that system of associations)和被称之为自然界的代数替换(algebraic substitutions)没有了解经验的其他方法,那么,我们确实还是应当知道在实践中可期待些什么,在知觉和反思中应当接受同样的教育;但是,这种唯心主义者和最讨厌的唯物主义者——除了后者更加谨慎、更有怀疑精神以外——有什么区别呢? 此时——早在《西利斯》和焦油水时期①之前很久——的贝克莱太无知、太急躁,以至无法知晓要不是一切精神性的或诗性的理想表达了人类对自然可悲的依赖和人类在自然中协调的发展的话,它们会有多空洞。在他所生活的

---

① 即贝克莱写作《西利斯》(Siris)时期,该书介绍了当时的一种新药——焦油水。——译者

那个时代，研究和对外界事物的支配已不再直接服务于精神性用途。中人（the middle-men）出现了，他们的求真务实从未导致对善的拥有，但是这些精神在非理性的习惯和激情中像沙漠中的河流一样迷失了自我。因此，他的任何哲学思想都像他的宗教偏见一样，使他不愿沉浸在对外界事物的关注之中，而且他也想不出更好的办法来维护道德上的善的至高无上性，而只会将物质的现实性、科学的终极性和理性的建构能力统统否定。他根据真正的英国经验主义的观点，发现科学没有什么绝对或极其神圣的东西，并且理所当然地认为理论的价值就在于对它人道的使用；但他完全忽略了这样一种补充性的真理，即只有理性的自由和沉思的表达（科学是它的主要部分）才能使其他任何事物变得人道、有用或实用。因此，他在哲学上是个党徒，在哲学上党派心就是叛逆；而且他在理论领域中反对理性的工作，因而希望在道德领域中推进这种理性的工作。

道德上的幼稚。　　关于道德领域，几乎没有必要补充说，他有一个相当幼稚和呆板的概念。在那里，祈祷书和教义问答手册能够解决所有问题。他缺乏所有豁达而成熟的心灵都具有的那种感觉，即：假如神圣事物不是对自然事物的解释和自然事物的升华，那么神圣事物就不会有可理解性或价值。做现实世界的主人是一种古老的和不太有希望的抱负：他那朝气蓬勃的激进主义更适合于祛除或哄骗那种抱负。他试图用唯心主义的水龙卷冲刷这个世界而使之振作起来，仿佛改变事物的名称就能改变它们的价值似的。让我们摈弃一切枯燥的调查研究，摈弃冷冰冰的"感觉和理性代数"，代之以与上天（即关于上帝的意图和仁慈的清晰幻象)的直接对话;好像除了研究自然和人类的状况,还有其他方法来理解人类幸福之源似的。

与上帝对话一直是许多比贝克莱更明智、更可悲的哲学家的生活;但是他们,比如说,像柏拉图或斯宾诺莎那样的哲学家,使经验成了那种交流的主题和语言,因而赋予了天启以某种程序的针对性和清晰性。贝克莱在其实证学说(positive doctrine)中满意于最笼统的概括;他没有尽力探明"上帝是我们的偶然知觉的直接创造者"这一意识是如何帮助我们处理这些知觉的,其他什么洞见和原则可以用来代替揭示自然界的秩序的那些洞见和原则,怎么会遇到绝对的天意说(providentialism)易于产生的那些道德上的困难,或者如何才能维护相仿诸心灵(fellow-minds)的存在和影响。所以,除了感觉层面以外,贝克莱并没有通过哲学慷慨且明智地给不肯退出历史舞台的传统神学和心理学唤起的虔诚增添些什么。对于观念都存在于"心灵之中"这一自明之理的无谓重复乃是他的全部智慧。存在就是被感知。那是著名的哲学原理,由于这条哲学原理,我们被要求如果不能完全忍住不构想自然(在一个如此新近的人类发展阶段,这也许是不可能的),至少也要忍住不把我们对自然的必要思考看成是正确的或合理的。智力只不过是上帝用来训练我们的行为和思想的一种错误的想象方法;因为我们显然不可能被赋予一种正确的方法来达到那个目的。如果一个哲学家梦寐以求的是其他某个真理标准而不是与思想和行为的必然牵连,那么我们应当怎样来看待他的批判眼光或实践智慧呢?

自明之理与诡辩。

我们可以以所谓哲学中非常常见的夸张方式,为像"存在就是被感知"(*esse est*

percipi）这样一种"闪电"而感到欣喜。这一悖论的真相在于,仅仅通过知觉我们就能了解"存在"（being）这一朴素而熟悉的概念,正如柏拉图在《泰阿泰德篇》（*Theaetetus*）中所表明的,它并没有为严肃的知识论提供坏的出发点。不过,它的诡辩意图是要否认我们有作区分的权利,但是实际上我们的确作区分,而且说话者本人在说这番话时就是在作区分;因为如果他认为自己是在大声说同义反复的话,那么他就不会那么自豪了。如果一个事物从未被人感知或根据知觉被推断出来,那么我们实际上绝不会知道它的存在;但是,它一旦被感知或推断出来,就会更加助长那种认为它独立存在于我们知觉之外的理解力和实践能力（practical competence）;而我们做出这一假定的能力在存在和被感知这两个词的区别中留有印记——这两个词绝不是同义词,它们表示事物在思想中的两种大相径庭的关系。由于武断的理智崩溃了,理性撤回到了自我意识中,这种唯心主义一下子就有了任何巧妙的双关语的那种令人费解的特点,那种双关语把想象悬挂于两个互不相容但却富有魅力的意义之间。这种诡辩术的诀窍是为一条公理选择某种模棱两可的措辞,从一种意义上看是自明之理,从另一种意义上看却又是荒谬之言;然后,通过展示那种自明之理的真实性,宣布荒谬之言也得到了证实。说"我是我的观念的唯一处所或所在"、"凡是我知道的东西我都知道",是自明之理;说"我是我的思想和知觉的唯一对象",则是荒谬之言。

> 实在是已成为可理解的实践事物。

混淆工具和它的功能、操作和它的意义,已经成了现代哲学中的一个小痼弊。因此,它可能会产生这样一种情况:当人们发现理性的虚构事物绝不可能成为感觉的要素，但像当然应当所是的那样必定始终仍然会是观念性的和规定性的客体，因而实践的、有活力的理智往往会把它们命名为"实在"时，智力的功能就会完全被误解，并且结果会完全被否定。在实践的理智看来，物质是一种实在，因为它是控制经验的一个必要且理想的条件；而那些可以忽略的感觉，比如梦，却被同一个权威叫作幻觉，因为它们虽然存续时足够真实，但没有任何持续性的功能，也没有任何实践支配权。

让我们设想贝克莱针对首次使用"实体"范畴并从知觉过渡到"独立物"（independent thing）概念的那种婴儿或动物的意识发表言论。他可能会说："当心，我的孩子，你正在迈出危险的一步，此后它可能会造就大批数学无神论者，更不用说一回廊一回廊无聊的学究了。你的观念只能存在于你的心灵中；如果你允许自己设想它们在半空中被物化，并且虽然我们觉察不到它们，它们却仍然存在，那么你就会犯不敬神的大罪。如果你不假思索地相信在你的眼睛一闭一开之间的那段时间里世界继续存在，那么你必然会很快地被迫陷入形而上学关于分离事物和连续事物的无穷争辩，并且无休止的争吵会使你如此迷惑和失聪，以至明亮的福音之光会在你的灵魂中熄灭。"那个生性温和的逍遥派学者可能会回答说："可是当我闭上眼睛时我忘不了我周围的事物；我知道而且差不多也能感觉到它们持续的存在，经过试验我总是再次发现它们或者就像它们从前一样，或者就处于我们不在场时自然原因的运作已使之呈现的那种状况。如果我相信它们仍然存在，并且具有难以觉察的平稳变化,那么我就知道应该期待什么,这件事并没有欺骗我;但是如果我在知道行动的条件是否存在之前必须决定行动,那么我绝不会知道我生活在什么样的世界上。"

这位善良的主教会回答说:"啊,我的孩子,你误会了我的意思。你其实可以,不,你必须,生活和思考,好像一切事物始终都是独立而真实的似的。那是你所受的天堂教育的内容之一,仁慈的上帝为身处尘世的你提供天堂。他会不停地把证实你的必要的假设和支持你的谦卑谨慎的期望所需的印象送入你的心灵。只有你不可以把那种恒久不变性(that constancy)归因于事物本身,因为它是由天意的固定不变性(steadfastness)所导致的。可以像似乎存在着一个物质世界那样去思考和行动,但是绝不可相信它存在。"

> 虚幻的"实在"与可信的"虚构"。

因为有令人放心地来自怀疑论和宗教之合力的这种劝告,我们可以让萌芽中的心灵自行发展,确信即使按照最居心叵测的心理学家的看法,它的理解经验的第一步也是值得庆幸的一步,而且至少目前它还未被要求退回去。理性的生活与对于不可思议的、没有来由的"实在"的沉思无关;后者只是试图获得人类在行动和思考时所必要而合适的那些概念罢了。在那些概念中,第一个就是不可缺少的"永恒的外在客体"概念,它是一切艺术和一切哲学的基础,而且它对艺术和哲学来说同样重要;而那些永恒的外在客

体在聚集、转变和被秘密地赋予生机的过程中形成自然的生命和
体系。①

---

① 在这里我并没有试图讨论贝克莱的论证所提出的一个更大的问题,即:认识究竟是否可能,任何心理表象是否能够被期望把任何事情告诉我们。贝克莱当然假设这种力量,因为他继续相信上帝、其他神灵、经验的连续性及其可发现的规律。因此,他反对物质性客体的理由常常不可能是它们是认识的对象而不是因它们在意识中不停地占有而枯竭的绝对感觉(absolute feelings)。理由只能是它们是不可思议的和无用的东西,其中感觉材料被赋予一种与其本性不一致的存在方式。但是如果厌恶物质性客体的那种唯一的批判是一种辩证的批判,比如康德的二律背反中所含的那种批判,那么通向贝克莱所向往的唯心主义的康庄大道就会堵塞:成为心灵中的一个观念,未必意味着那个观念缺乏认知的和表象的价值。物质性客体被表象或者被构想这一事实本身并不能证明它们就不可能是真实存在的东西。若要证明它们是不真实的,就必须研究它们的本性和功能,必须将它们与诸如天意(providence)和精神世界这种概念进行比较,以便确定它们的相对有效性。这种批判的比较对于贝克莱的偏见来说可不是个好兆头;我们在康德的《纯粹理性批判》中可以看到这种批判的比较会导致什么结果。为了逃避这种凶兆并防止他神秘的悖论的崩溃,贝克莱储备更加隐蔽的武器,即质疑任何精神性事物的表象性、一切知识可能具有的虚幻性。他在所有那些思想和言语的转折求助于这种质疑,并认为,如果一个观念是在心灵之中,那么它就不可能在别处有对应物,而且还认为,给定的认识汲空并包容它的对象。因此,在他的哲学中有两条互不相干的原理。其中一条是始终如一地被持有的,那就是:人们不可能知道任何在性质或本质上与出现在能思考的头脑中的客体不同的东西;另一条,因为它破坏一切断言和知识,所以是偶然地和非始终如一地被持有的,那就是:除了心灵之外不可能有东西存在,心灵在本质或性质上类似于它内部的各种"观念";或者换句话说,就存在而言,与上述那种观念不同的观念无法揭示任何东西。第一条原理并不否认空间中外部客体的存在;第二条原理与人的心灵任何时候所能形成的每一概念——无论是最玄虚的还是最粗俗的——相悖。没有哪个唯心主义者竟然会否认这一点;他的记忆通过内在的相类似性和有意识的意向表象他过去的经验,或者,如果他喜欢这样说的话,神的心灵的诸要素或诸方面彼此表象,并表象它们的总体系。否则唯心主义者的哲学本身就会是无意义的、短暂的幻象。

第五章　统一的自然和被认知的心灵

当心灵学会了区分各个外在客体并赋予它们恒定的体积、形状和潜能时，尽管多样性和间歇性在直接经验中占据着主导地位，在获得一种即便肤浅但也明晰的世界观之前还有一件伟大的工作要做。动物的惯常栖息地可以有恒定的特征，通过不断的探索就可以知道这些特征的空间关系；但在记忆和想象中，可能还有其他许多与我们在某个瞬间发现自己所在的那个场所没有明显关系的景物。的确，一切我们所谓的"真实场所"都存在于一个空间之中并且彼此构成某种几何关系，今天我们认为这是理所当然的；如果我们瞥见任何一个在天文学所绘制的宇宙全景图中找不到其位置的地区，那么我们就毫不犹豫地把那个地区置于梦境之中。因为"福地"和"波希米亚海岸"没有可以标示的经纬度，所以我们认为它们是假想之地，即便我们记得在某个梦中去过那儿，并且居住在那儿所具有的真实感并不少于居住在这种单一的几何式商界（this single and geometrical world of commerce）中所具有的真实感。不承认不为地理学所知晓、不占有常规三维空间的一部分的地方，那属于心智的健全和常识，因为人们现在拥有这种健全的心智和常识。我们所有清醒的经验不用说都是发生在这种空间的某个部分中,没有哪个法庭会接受有关其他某个星球上的事情的证据。

这一已经成为公理的原则绝不是原始的,因为原始的经验是零散的,它把我们引导到因我们辨识力和注意力的下降而被分隔开来的一个个独立的场景。这些场景没有在任何局部的邻近处连成一体。绘制世界地图是一项很难的综合想象业绩,没有思辨的胆识和对幻想所提出的各种要求果敢的冷落就不可能完成这项业绩。即便现在,大多数人仍然在缺乏地形观念的情况下生活,他们对使他们活动于其中的世界协调一致的种种空间关系没有清晰的概念。他们像闻着惯常的臭迹追赶的动物一样,每天摸索着到处行走,对自己出乎本能的游荡的范围不加控制。在他们看来,实在与其说是一个由客体和力量构成的系统,还不如说是一个故事,即使他们的经验在某个时候步入第四维空间,他们也不会认为自己精神失常。当含糊的、戏剧性的道德律得到任何随意的应用时,在这种做梦的才俊看来,这些道德律是比这种情况的机械必然性更值得注意的真理,而且更深刻地揭示了他们几乎没有想到的有效实在(efficacious reality);而且常常残存于他们的宗教和哲学中的迷信倾向(superstitious affinities)使他们更加坚定地持有这种原始偏见。他们像海上的新水手一样,不能理智地构想自己在城市和事务中所处的位置:他们也不完全相信自己的航海原则。他们只是通过死记硬背记住这些对数,他们反思的话就变成了愚蠢的奇才,只有一半人相信他们是在已知的世界中,或者总有一天会抵达地球上的某个港口。具有预言能力的乘客无需超人的口才就能说服他们把罗盘和象限仪扔出船外,满怀热情地驶向黄金国①。

---

① 黄金国(El Dorado)是早期西班牙探险家想象中南美洲的一个富庶之乡。——译者

航海的理论本质上就像拯救的理论一样思辨,只是它经历了更多的判断经验之后仍然存留了下来,并一再把它的信徒带向希望之乡。

它的理想的、只有通过冷静沉着的思索才能够发现的统一性。

认为一切真实的东西和场所全都共存于一个被认为在其构成上与我们即刻直觉到的扩展部分(the parts of extension)相似的、均匀且又同质的空间中的这一理论,具有最为重要的实际意义和最大的效力。我们根据这一理论处理所有事务,而当我们信赖该理论时,我们行动的成功乃是其正确性的最好证明。这种理论所含有的那种想象上的吝啬和克制为它所给予知识的巨大扩展和确实性(certitude)所抵消。它既是一个效忠自然的行动,又是一部心灵强加于暴虐的世界的基本宪法(Magna Charta),这个暴虐世界又转过来当着聚集起来的诸人类官能发誓不会僭越自己的宪法性权利,也不会收留不可到达的巢穴中没有魔力的怪物,因为它们可能会从这种巢穴中溜出来干扰人类的劳作。不过,在取得了这首次胜利后,不应当把最初曾能使人们作出这项可喜的发现并向驯化经验迈出如此重要的一步的那种自发的智力搁置一旁;它是随后许多冲突中所需要的武器。认为整个自然构成一个系统,这只是个开端:自然生命的连接(articulation)仍然必须一点一点地被发现,而且更有甚者,类似的连接还必须被给予精神世界,现在这个精神世界,通过构成大自然并使之协调一致的那个行为,出现在大自然的身旁,或更确切地说,出现在她的怀里。

自然的统一是终极性的、理论性的,记住这一点是有用的:否则,自然世界与诗歌、形而上学、宗教的关系绝不会成为可理解的。拉朗德①(或者不管是哪个人)曾用望远镜搜寻天空而未能找到上帝,假如他用显微镜细察人的大脑,同样也不会发现人的思想。但是,上帝早在数学出现之前很久,或者也许甚至早在天穹出现之前很久,就已经存在于人类的恐惧(apprehension)之中;因为整个心灵及其热情和动机的客观化当然先于从乱七八糟的经验中抽出物质世界这个观念的那种抽象过程,这种抽象在现在为科学所熟悉的那种原子理论和天文学理论中达到顶峰。事物无论大小,其终身意义并非来自它们身体的抽象观念,而是那种观念的一个古老的伴随物,它在那种观念成为抽象之前与那种观念是不可分的。真、物质性、机械论和各种观念论兴趣,都是从一个滚动的经验中附带地投射出来的东西,当这个滚动的经验发展出各种功能并为了各种目的而克制自己时,它就显露出某一个侧面。当一块矿石被提取精炼之后,残渣便留在了该矿石原先所贮藏的那个原始矿场。在群星中寻找上帝未果,乃至在那里寻找上帝的这种企图,并不表明人类经验未提供通向上帝的观念的途径(因为历史证明情况正好相反),相反,却表明这个人想象力的衰退,而人类正是通过这种想象力才获得了那个观念。这种衰退也许确实会成为一种普遍的现象,如果那样的话,上帝就会从人类经验中消失,正像假如全世界的人都成了聋人的话音乐就会消失一样。联合想象习惯的丧失使这种事情成为可以想象的,在有史时期联合想象习惯的这种丧失是观察得到的。不过,人类能力可能产生的变化并不关涉

---

① 拉朗德(Lalande,Jérôme,1732—1807),法国天文学家。——译者

实际存在的这种能力的非法性（illegitimacy）；而且科学所知晓的抽象世界，除非它通过经常出现在思维中来使思维能力的古老源泉干涸，并不去除经验也许向人们暗示过的那些平行的戏剧化或抽象过程。

使人们能够感知自然的一致性（unity）的是他们自己意志的统一（unification）。一个处于半睡眠状态、没有固定目标、没有理智的敏锐性或认识的愉悦的人，可能会像动物一样到处啃食牧草，每每得到下一次满足时便忘了上一次满足，将一切忧伤的记忆逐出自己轻浮的心灵；对于差一点要了他的命的事情，他总是不想也不关心，好像他从未遇到过这件事情似的。这种无理性的开朗和天真的目光短浅绝不会根据现有的事实作出推断。每天早晨都会有一个崭新的世界，而生活在这个世界中的傻瓜却依然如故。但是让某种清醒的热情，即某种严重的关切，给予心灵以视角，就会马上为长期的观察提供一个参考点；于是，思想就会开始领悟自然规律。每一次实验都会成为一堂课，每一件事情，对主导热情（the master-passion）无论是有利还是不利，都会被记住。的确，开始的时候，这种敏锐的观察很可能会带有泛灵论色彩，被发现的那些规律可能主要是人或神的习惯、特殊的恩惠或出于妒忌的惩罚与警告。但是，发现构成社会的戏剧性冲突并试图用热情来解读自然的同一个恒久不变的目的，如果它持续良久的话，将在这种极度的混沌状态背后发现更深刻的机械秩序。人的思想就跟天气一样，并不像它们外表上显示的那么反复无常；真正的观察大师，即受固定不变的较高目标指引的人，会看到人的思想遵从完全可以信赖的本能而围绕着自己的中心旋转；它们所有振动的根源全都逃不过他的法眼。相信非决定论乃是优柔寡断的一个标志。任何起主导作用或稳健的理智（intellect）都不会在意一种如此可悲的可能性，只要这种可能性确实盛行，它就会使德行无能为力，使经验在其多产的意义上成为不可能。

> 心灵是存在之飘忽不定的残余。

　　我们说过，不能并入理智（the understanding）所设想的唯一空间的那些东西被归入被称之为想象的另一领域。我们在这里取得了非常重要的必然结果。随着物质性客体——它们制造占满空间并在时间中演进的单一系统——被从感官经验流中抽象出来的概念所表达，其余的经验及其所有其他的派生物和凝结物，也以相同的速度，与物质世界失和并形成心灵的领域①，即记忆、幻想和热情的领域。经过这番辨别，我们知道了心灵之起源，这当然不是超验意义上的心灵之起源（在这种意义上，"心灵"一词的意思被扩大到意指存在〔existence〕的总和和纯粹事实）——因为这样理解的话，心灵就不可能有起源，而且实际上也没有任何特定的意义——而是作为存在（being）的一种确定的形式，亦即为经验和论说所知晓的宇宙的一个可辨别的部分的心灵之起源，心灵在沉思中自行开绽，栖居于动物的躯体之中，并且是心理学的研究对象。

　　心灵，从该词的这种本义来说，是存在的残余，亦即当物质世界纯属虚构时切割下来的经验表皮，也可以说，剩余的经验。在感觉和渴望的混沌连续体中，反思使有现实意义的那些方面更为突出；它遴选世界的有效成分。因而保留在思想中值得信赖的东西、

---

① 此处心灵（mind）的领域，亦即精神的领域。——译者

相关联的诸事件的复合体,就是自然;尽管那么明白易懂的一个东西既不很快地也不普遍地得到承认,因为人类的反思是紊乱而踌躇的,但是科学和实践的知识的每个进步都是向它更加明确的定义迈进了一步。最初有许多寄生物依附在那个动态的骨架上。自然被描绘得像一块沉甸甸的、滴答着感觉之水(the waters of sentience)的海绵。它吸满了各种无效的热情,它的外表覆盖着各种无用的添加物。总而言之,自然最初被神话般地、戏剧性地表达,它保留了动物经验本身的许多难以理解的、零散的习性。但是随着注意力的觉醒,和识别力在实践中受到激发而变得坚定,各种不相干的特性被除去,底下便清楚地露出机械过程,亦即有效的、不会出错的秩序。同时,那些附带的效果,亦即"次要特性",被置于无关紧要的个人领域;它们构成表象(appearance)的王国,即心灵的王国。

> 心灵的阴森恐怖的特性。

因此,心灵有时等同于非真实的东西。我们在思想和语言所固有的反题中,把想象的事物与真实的事物、幻想与事实、观念与事物对立起来。但是,正如我们所看到的,这种事物、事实或外部实在是被压制成在思想和实践中证明是有说服力的那种形状的那些部分经验的完成和沉淀。因此,外部实在的材料,即用来制作其观念的东西,同我们自己心灵的质料一样都是连续性的。它们共同的实体是即刻之流(the immediate flux)。这条活的蠕虫通过分裂繁殖,它把自己的生命分成了两半,一半是心灵,一半是自然。心灵保留并澄清了未加修饰的表象、梦想、总体上涌动不已的意图;自然把在反思中显露出来的秩序、恒常状态、原因根基占为了己有,即刻之流为反思所解释和控制。思维的化学作用淀析了这些对照项，每个对照项都保持可再认的同一性，并且对于记忆和意志来说具有参考点的功能。我们把这些项中的某些项或思维的对象叫作"事物"，并尽量将它们引入理想的稳定状态——因为在它们的运动和转化中有一种恒久性——以便使实践和科学成为可以理解的外在世界。凡是未被吸收在这个建筑物中的材料，凡是未与最新的实在概念联合的、关于感觉、思维能力或意志的事实，我们都称之为心灵。

因此，原始经验位于自然观念的底部，并对自然观念的实在表示认可；而一种相等的实在则属于迄今还未被那个观念所吸收的经验残余。但这种残余的感官实在常常显得有点不太真实，因为离开了它的机械伴随物（mechanical associates），它所呈现的东西就会完全失去实践力（practical force）。剩余物的这种无关紧要性自行跟着从任何恒久有效者的凝结进入外部世界。如果这一事实受到怀疑，那只是因为人们对外在世界的表述很含糊，认为松散的意志和观念用魔力统治这个外在世界。然而，通过许多缺乏绝对精确性的方式，人们承认思想不是能动的，或用他们的话说，不是真实的。"物质世界"这个观念是实际思考开出的第一朵花，或从实际思考中分离出来的"高脂稀奶油"（thick cream）。由于它最先被撇去并证明是非常有营养的，它下面剩下的奶液多少有点淡而无味。在科学尚未被修剪且仍然带有神话色彩的时候，的确尤其会出现这种结果，因此，进入物质自然之观念的远不只是真实的力量因果关系网，它还包括许多精神上和道义上的功能。

正像最初所说的那样，物质世界原本没有那种明晰的抽象性，精神世界也没有它们后来为现代心灵谋取的那种财富和利益。人类灵魂的复杂反应，和被约化为数学的不加掩饰性（a mathematical baldness），因而现在给自然科学提供术语的那些视觉和触觉一起，被客体化了。因此，心灵不仅通过温暖和美——正像它仍然在富有诗意的知觉中所做的那样，它曾确实赋予物质客体这种温暖和美——而且以一种确确实实的泛灵论方式栖居于世界之中；因为人类的激情和反思被认为属于每一个客体，并且使世界成了仙境。正是在感觉和知性觉察到身体的那些地方，诗和宗教发现了生命；而当经验的那么多负荷飞入空中、灵魂本身几乎显然可见地在各种自然形态中间飘荡的时候，可怜的残余，一堆仅仅是个人的苦恼、事物在个体心灵中的无趣变形，本来似乎是一个可悲的、非实体的意外，也就不足为奇了。因为外部世界如此富于生机，内心世界更加阴森恐怖。

> 基质（hypostasis）和批评都需要控制。

用所有的未释之梦资源覆盖外在客体的这场思想运动早已失去了其势头并顺从于相反的趋向。正像在非常稳定和外化的客体能够充当事件秩序的原因和对它的解释时，经验中某些术语的基质被理性所认可一样，当该基质超越了它的功能，在构想出来的那种外在客体上添加无用的装饰时，有助于撤回那种基质的批评也被理性所认可。但是，这种基质的超越上的和功能上的秘诀往往不为鲁莽的头脑所欣赏；所以，客体化的退潮也和它的涨潮一样发生得盲目而又冲动，并且被推进到极端荒谬的程度。神话时代让位给了主体性时代；在这两个时代，理性都被忽略和超越。对想象的反动使许多心灵中所表象的外部世界变得硬邦邦和赤裸裸。物质曾经拥有过的一切趣味和充满活力的特质却都被归因于人的不可靠的感觉。而且由于思维(ideation)的习惯慢慢地发生变化,并且它们对批评或新的直觉只做零星的让步,所以没有始终如一地进行过这种革命,但是,这种革命主要产生痛苦和混乱,而不是事物的彻底改名和思维的新组织。这种混乱的某些方面也许值得暂时加以关注;当它们见诸其逻辑序列时,它们或许或多或少能够使我们更好地了解一直在试图表现自己并通过所有这些摸索而显露出来的那种实体化的理智(the hypostasising intellect)。

客体和观念中的相对恒久性。

最初帮助揭示永恒客体的,是永恒的感觉。游移的感觉与固定的感觉之间有明显的天壤之别;在正常情况下,后者只有在连续不断的刺激时刻使它更新时才会出现。注意力可能会分散,但是周围的客体不会停止它们对身体的影响,因此身体不被允许失去这些影响所引发的变化。所以,随之产生的知觉总是信手可得并且实质上同一地重复出现。没有以这种方式为连续不断的刺激所更新的知觉与脑流(cerebral currents)一起来来往往;它们是稀客,而不是像外部客体一样是家庭成员。智力在终极物亦即意向的对象中最为舒适自在。它所能信任并不断收复的那些实在是它的亲密伙伴。一旦智力有助于洞察它们,一旦能与现实世界建立友好的交流,最初也许把它和它们分隔开来、心理学家称之为心灵的迷雾,就会被欣然遗忘。此外,当没有得到连续不断的外界刺激支持的知觉重现时,它们往往不可思议地发生很大变化,而外界事物则显示出其变化中的某种方法和比例。单是观念,甚至在其自身变化不大的情况下,也会落入新的场景,而事物,除非由于其他某个东西的介入而使它们移位,否则就再现于它们的老位置上。事物最终受其他人的影响,而思想却被神迹隐藏起来而不为他们所知。

当流变使支配它的某种永恒的东西显露时,存在便揭示了实在。因此,被这样支配的东西,尽管它是原始存在本身,却被降格为现象。就像我们刚才所看到的,较之思想和幻想,由外界客体引起的知觉得到长久的支持;但客体本身却处于流变之中,而且人与它们的关系甚至可能更加易变;所以,记忆或情绪会极其经常地在最初引发它的知觉早已成为不可能之后重新出现,其特性几乎没有什么变化。大脑虽然灵动,但受制于习惯;它的构成物虽然即刻就消逝,但又返复不止地还原。于是,这些理想的客体可能在一定程度上比外部事物更加真实和持久。因此,任何原始的心灵都不把整个实在,或实在中最真实的东西,置于一个抽象的物质世界。相反,它发现似乎控制物质突变本身的理想参照点。一个理想的世界从一开始就得到认可,并且没有被置于最近的前景(the immediate foreground),而是被置于一个虽然比物质性事物要近,但还是离得非常远的地方。它具有比物质性客体被认为所具有的更大的实体性(substantiality)和独立性。它是神圣的。

当农业、商业或手工业给了人们以某种自然知识时,这样被认可和支配的世界远非表面上终极的。它被认为位于其他两个世界之间,这两个世界现在常常被认为是精神性的(mental),但它们最初在性质上大相径庭:一个是精神力量(spiritual forces)的世界,另一个是感觉现象(sensuous appearance)的世界。用来表述物质性客体的永恒和独立的观念当然也适用于所有精神性事物;尽管精神所行使的支配可能有点不牢靠,精神还是尽可能地远离即刻性和感觉。精神来来往往；它们统治自然，或者说，即便它们忘了这样做，那也是因为厌恶或高度不在乎；它们给人带来种种困扰和疾病；它们忙不迭地使他摆脱困难；它们寓居于人身上，构成他的良知和创造的能力。另一方面，感觉只是身体或者精神或者两者兼而有之的一种效能。它给出关于这些事实的片面的个人看法。它的愉悦是危险而无知的，而且就其本身来说，它会消逝。

精神和感觉为其与自然的关系所界定。

　　对原始统觉来说，那就是存在（being）的三大领域：自然、感觉和精神。不过，它们之间的边界并不总是确定不变的。因为当把感觉当作一个客体时，它是无意义的，所以，感觉长期为反思所忽视。反思从未试图去描述感觉的过程，或者把这些过程与自然的变化系统地联系在一起。当感觉的幻象受到关注时，它们就被认为是蓄意培养怀疑主义的丑行。另一方面，精神世界是诗歌和思辨中常见的主题。在没有理想科学的情况下，它只能被表述于神话之中，神话当然是变换更易、自相矛盾的，就像它们是坚持不懈、顽强存在的一样。它们直到在独断的宗教中被界定为预言或转述的自然事件，才获得固定的特性。自然是首先获得一种形式，然后把形式分给其他领域的东西。感觉只把界定和分配当作一种自然的效果来接受，而精神只把它们当作自己的原则来接受。

含糊的自然概念涉及含糊的精神概念。

　　不过，自然所获得的那种形式本身是含糊且不确定的，并且几乎不能长期用来界定其他靠它界定的领域。因此，比如说，把精神性的东西当作自然性的东西的一种遥远的或比较精致的形式,是很常见的。在月球那边,一切似乎都是永恒的;所以,月球曾被认为是神圣的,并被宣称为统辖其余星球。因为人临终时呼出的最后那口气带走了给肉体以活力的精神控制和神奇生命,所以那口气本身就是精神。另一方面,自然过程一直被认为是精神原因所致,因为它不是自动之物,而是使它运动的那种意图。因而精神被蛮横地误认为一种自然实体和自然力。只要不能确定那种运作的自然原因,精神就等同于彰显精神的一切事物。

> 感觉和精神是自然的生命,科学重新分配自然的生命,但不否定自然的生命。

　　如果自然的统一业已完成,感觉显然会归属于自然的领域;因为,正是为了包容和支持可感觉之流,智力首先承认零星的物质客体,然后承认它们的总体系。未融入客体构成的经验成分依然作为客体的生命附着在客体上。最后,动态的骨骼,如果没有失去其关节的话,就会再一次为其肌肉所覆盖。假定我的天文学观念允许我相信:沉入大海的太阳每晚都被熄灭,第二天早晨出现的是它的从东方各地的"日巢"中孵出来的弟弟。我的理论原本会剥夺昨天那个太阳的生命和光明;它原本会断言,夜里无论哪里都没有太阳;但它原本会重把昨天那个太阳的各种特性加在一个以前不具有这些特性的物体上,也就是说,加在会孵出明天那个太阳的那个假想的蛋上。假定我们用现在流行的天文学代替那种天文学:我们使单一太阳——它现在存在并不断地扩大影响——失去了人性,甚至失去了形而上的统一性。它成了一团化学物质。透露给知觉的那些事实在一定程度上改变了它们的所在地,并以不同的方式散布于整个自然。有些事实已经变得依附于人类大脑的活动。自然并没有因此失去她以前所显现过的任何特性；这些事实只不过是被重新分配以确保它们每一个之间更加系统地联系罢了。每当为了使它们的重现变得可以理解而必须对它们的存在(being)进行这种扩展时，它们就是这个系统的质料，这个系统通过使各种存在(existences)连续不断而被表达了出来。感觉从前曾被看作是对其对象极其糟糕的歪曲，现在则成了自然的一个原初和和谐的部分，从这一部分，正如从其他任何部分一样，可以科学地推断出自然的其余部分。

　　尽管方式不同，但精神同样紧密地依附于自然。从存在角度来看，它是感觉的一部分；从理想角度来看，它是自然在被从任何利益的有利地位考量时所获得的形式或价值。个别对象之所以在一段时间内是可再认的，并不是因为流变实质上被止住，而是因为它在某处以某种方式循环，这种方式唤起某种兴趣，并使周围过程的各个不同部分与那种兴趣形成可限定且被延长的关系。特定的客体可以消亡，然而其他的客体可以像赫拉克利特所想象的那一系列太阳一样继续履行同样的职责。功能会比特定的器官经久。据以界定功能的那种兴趣实质上会决定一个具有易起反应的延展和条件的完美世界。这些理想会成为一种精神性实在；只要自然支持那种调节性兴趣(regulative interest)，它们就会体现在自然中。因此，只是在存在上是潜在的而在构成上却是明确的许多完美而永久的王国，会包容自然，并且会成为理性哲学可能会称之为理想的东西。只要所谓的精神在自然中得到了体现，它就会成为理想；而被归因于精神的这种力量就会成为促成这种体现的自然能育性的组成部分。

第六章　同伴心灵的发现

> 在异己心灵中可以找到现时经验的另一背景。

当一个蕴涵记忆和一切观念的魂灵领域（a ghostly sphere）同物质世界区分开来了时，它往往通过牺牲后者而得到发展，直到自然最终化为一具数学骨骼。除了需要一座桥梁来把经验中的一个一个事件可计算地连接起来之外，这具骨骼本身也许会转移到心灵并被认为等同于在其中表象它的科学思想。但是一个寓于几个分散的生活时段的科学理论无法把那些事件连接起来，因为它本身在那些事件中是最后和最缺乏实体性的东西；要不是世界具有另一种被普遍承认的实在——他人的心灵——甚至最不管不顾的怀疑论者也不会产生这种观念，而这种实在甚至在物质世界之假想的消亡之后仍然可以用来建立一种独立的秩序，并且在即刻意识表示同意时吸收存在（being）的潜能。但是，由于他人的心灵本身是不确定的和无效果的，它们原本似乎绝不会是自然的可能代替物，代她成为经验的背景和经验的可理解的对象。需要某种恒久的、无所不在的和有无限繁殖力的东西来支撑和连接给定的混沌。然而，恰恰正是这些属性居然被认为是应该与思想者对峙的诸多心灵之一，即上帝的心灵，所具有的性质。因此，在哲学上，这个神圣的心灵总是或者构成自然的替代物,或者构成自然的其他名字:它是一切潜在性的最佳栖居地,也是(如斯宾诺莎所说)一切无知的最佳避难所。

如果我们能把关于对各别心灵的信仰的原始资料再次搜集在一起,并且能把这些资料与我们已经分配给自然这个概念的东西做一比较,那么,思辨性的问题就会大大得到澄清,就会更容易把这些问题中真的东西和假的东西区别开来。但这里所涉及的不光是思辨性的问题,因为在所有的社会生活领域,我们都面对被假想为具有相同的思想和热情并同样受事件影响的同类。这一信念的根据是什么呢?它采取什么形式,它在何种意义上是理性的一部分或一种表达?

这个问题很难回答,在开始讨论该问题的过程中,我们不可能指望从哲学家们迄今就这个问题所发表的言论中得到许多帮助。实际上,他们绝大多数并未说出什么东西,因为由于自然的仁慈安排,人类根本就没有想过他们没有能力回答的大多数问题。在这

> 对这个受批评的概念的两种常见的记叙。

个问题上实际上已经提出的那些意见可以归纳为两类:第一种是,我们通过把在自己身上直接发觉的那些伴有类似动作的情感投射到他人的身体中来构想他人的心灵,也就是,我们通过类比推测异己心灵;第二种是,我们直接意识到他人的心灵,并认为它们是我们自己思想和努力的、友好或敌对的对应物,也就是,我们通过戏剧性的想象唤起他人的心灵。

> 身体之间的相似。

第一种意见具有这样的优点:倘若物质世界的存在已经得到了承认,它就通过合理的论证避免了唯我论。但是,如果把物质世界召回到个人心

灵中,被假想为栖居或表现于个人心灵中的每个灵魂显然必然会在那里跟随个人心灵,这就像一个虚构的故事中的人物和力量在这位创作者的想象中必然会与该故事待在一起一样不可避免。相反,当让自然保持不变时,假定具有相似起源和体力的动物也会有相似的心灵是有道理的,如果它们之中任何一个确实有心灵的话。不过,因为其他原因,这种理论并不令人满意。我们实际上并未把我们自己的怪相同与它们相伴的那些情感联系在一起,并随后在再认他人类似怪相的过程中进而认为他人具有诸如我们从前曾体验到的那些情绪。我们自己的怪相不容易被觉察,而他人的行为则常常揭示我们从来没有过的热情,至少是那些多多少少具有暗示色彩和有点强烈的热情。这第一种观点怪异而又武断,错误地把也许是其最终检验标准的东西当作该信念的自然起源。

> 灵魂中的戏剧性对话。

另一方面,第二种意见把我们带到一个神秘的领域。我们通过戏剧性的想象唤起我们同伴的可以感觉得到的灵魂,这无疑是真实的;但是,这并未说明我们是在什么激励下,在什么情况下,如何开始这样做。它也没有避免唯我论;因为我自己意志的可以感觉得到的对应物是我内部的回声,而如果其他心灵确实存在,它们不可能代表它们的本质在我自己的幻想中与我玩一场游戏。这种社会也许是神话式的,而且尽管这种社会观念的起源很可能是神话式的,它如果要具有实践上的和道德上的正当性就得获得其他某种特性。但实践上的和道德上的正当性首先是社会似乎具有的东西。因此,虽然这第二种理论对心理现实的感受更为敏锐,但它并未使对其他心灵的再认成为可理解的,而让我们毫无理由地相信它们。

我们在重新接近主体时,最好应当记住:原始经验对主客体之间的差别一无所知。这种差别是事物中的一种分割,是在一堆一堆形象之间建立起来的一种对比,这些

> 主体和客体是经验论的而不是超验论的术语。

形象在其存在和联系的模式中显现出不同的特征。如果忽略这一事实,如果把主体和客体看作经验而不是其形成对照的部分(如身体与心灵)的条件,那么很快就会遭到命运的具有讽刺意味的报复;无论是主体还是客体都必然会立刻瓦解并消失得无影无踪。所有客体都必然会成为主体的变体,或者,所有主体都必然会成为客体的方面(aspects)或碎片。

于是,原始经验对现代哲学一无所知这一事实便具有这样一个重要的后果:对于原始经验来说,不管什么材料全都并列存在于同一个领域中;延展是充满热情的,欲望驱

> 客体原先被浸泡在第二级和第三级的特性中。

动身体,思想在空间里盘旋并由其题材的可见转变所构成。因此,泛灵论或神话并不是计策。热情自然寓于它们所搅动的客体——我们自己的身体——之中,如果那种客体是可以感觉得到的某种剧痛之所在的话;而如果那种剧痛找不到更近的休息处,那种客体就是星辰。只有一种长期的、尚未完成的教育教人们区分感情与事物,观念与其对象。这种教育曾经是必要的,因为原始经验是一种混沌的东西,而被它搞乱的各种特性并不是合着拍子一起行进的。因此,如果知识(即具有最终应用和实际超越的观念)确实是存在的话,那么反思就必须对这些特性进行区分。换句话说,行动必须适应某些经验因素而非其他事物,而那些得到重视的东西必

须用训练有素的统觉对这些经验因素作出解释。其余的说法必须被看作胡言乱语而不予理会，除非它也许处于毫无根据且富有诗意的幻想中。这样，原始经验变得合理，而现象则成为关于实在的知识。

因此，我们之所以认为自然的身体具有意识，根本原因在于这些身体在被表述为只是物质性的之前，就被认为具有在我们观察它们时我们自己的意识所具有的一切特性。这种推测并不是一个悖论，因为迄今只有这个原则才能使我们有理由相信我们可以决定相信的一切。被认为实在所具有的特性必须是在经验中发现的特性；如果我们否认它们在我们自身中的存在（例如就全知来说），那只是因为自我观念像物质观念一样已经变得特殊，理想区域（全知就在这个区域中）已形成了一个第三领域。但是，在自我观念得到很好的构建并且理想范畴确实得到了表达之前，每一个最终被分配给这两个区域的因素都被吸入知觉旋涡，而诸如挤压和运动这类特性则为这种知觉旋涡提供核心。因此，运动的意象不仅饱含第二级特性（颜色、热度等），而且还饱含我们可以称之为第三级的特性（诸如疼痛、惧怕、快乐、恶意、虚弱、期待等）。这些第三级特性有时完全被归因于客体，就像它们被感觉到一样。因此，太阳不仅像它是圆的一样是亮的和温暖的，而且按照同样的道理，它还是快乐的、傲慢的、永葆青春的和洞察一切的；因为当我们看到它时，我们就会像感受到的温暖和光一样，马上联想到这些第三级特性。这些虚构的联想并不是固定不变的这一事实，并不阻碍我们立刻感到它们是真实的，而对于原始经验来说，无论那个特性会多么快地再次丧失，一个事物确实具有它外表上所具有一切。因此，对于原始经验来说,事物具有最多最明确的第三级特性之时,就是它们得到最充分的显示、它们的内在本质得到最好的展露之际;因为正是在那个时候它们在经验中被装扮得极有光彩并为发挥最后的作用做好了最充分的准备。太阳在它被说成是一个傲慢的、洞察一切的精灵时比在它被愚钝地感知为只是热的时更好地表达它所有的隐秘效应;因此,聚精会神的、虔诚的观察者(那些第三级特性被展现于他眼前)与普通感觉论者(他只能感受到太阳的物质属性)的关系,就如同普通感觉论者转而与天生的盲人(他除非通过相信某个较幸运者转述的直觉,否则无法给太阳的温暖添加阳光)的关系。所以,在科学出现之前,神话作家或诗人是具有最正确最恰当的眼光的人。他深信自己了解事物的核心和灵魂,他的这种信念不是由伪推论或类比达成的幻想,而是对他自己的经验和真正沉思的直接报道。

经过转换的第三级特性。

然而,更为经常的是,在投射过程中第三级特性多多少少发生一些转换,比如存放在钟里的声音很快转化为洪亮,即转变成它自己的潜能。同样,痛苦转化为恶意或邪恶,恐惧转化为仇恨,每个被感受到的第三级特性都转化为在经验中是其更为静态或潜在的形式的任何第三级特性。因此,宗教(它在很大程度上停留在原始经验的水平上)不仅把快乐(该客体的直接第三级特性)归于诸神,而且还把善(它的经过转换的、已变成潜在的第三级特性)归于诸神;因为善是在整个想象的经验中带来许多快乐的那种天性。同样,魔鬼是残忍的、邪恶的,并且受折磨。不加批判的科学仍然把这些经过转换的第三级特性归于自然;例如,"力"(force)这一神话式概念就是一种经过转换的关于努力的感觉。假如这样的话,我们可以把转换的两个阶段或等级区分开来:首先,在我们想到我们自己的拉这个动作之前,我们说该客体自己在拉;在第一次转换中,我们说它在拉我们,它的拉力是我们的拉力的对应者或匹敌者,但是它的拉力仍然是同样直接地用"努力"(effort)一词来表达的;在第二次转换中,这种间歇性的努力在我们所谓的力量(strength)或力中变成了潜在性的或休眠性的东西。

被归于特定个人的心灵由可感身体的第三级特性所构成。

显然,被归于其他人的那些情感只是他们身体的第三级特性。然而在同类身上,这些特性自然是极其繁多的、易变的、精确的。自然使人成了人类永恒的研究对象。从婴儿期到立遗嘱,他始终忙于考虑他周围的人。微笑可以使孩童愉悦;抚摸、片刻充满同情心的关注,可以赢得对方的心,也可以使朋友的存在产生巨大而绝高的价值。在青年时期,失去朋友似乎就意味着失去一切。就第三级价值而言,附着于特定形象的那些情感,即从该形象散发出来的精神性流出物,弥漫于整个当下世界。尽管一体感(the sense of union)是短暂的,但当爱人或神秘主义者觉得自己已经抓住了生命奥秘的核心并进入了事物的平静中枢时,这种一体感稍后就会回到他身上。神秘主义者在其出神(ecstasy)时所看到的和在其缺乏热情或想象力时所失去的东西、恋人所追求和爱慕的东西、孩子在无人照料时哭着要的东西与其说是一组视觉,倒不如说是一种精神、一个人、一个难以忘怀的心灵;不过,那些视觉与那种精神有无法摆脱的关系,否则当感觉消失时,那种精神就不会撤离。我们并不是在同一个善于表达的心灵打交道,因为这种心灵的所有物被甄别并分配到一个被掌控的世界,在那里一切事物都有其活动领域、特殊关系和有限的重要性;我们是在同一个极其柔软、极其混沌的心灵打交道,它对一时的影响非常敏感,并且无保留地对这些影响作出极大的反应。

这个心灵是软弱、热情而又无知的。它的当下精神感(sense for present spirit)并不是智力或类比推理的奇迹;相反,它暴露出早期意识固有的一种含糊性。在这里,我们无法确认那些突然中止的视觉就是它们所是的东西。它们当下的消失对后继经验可能产生的后果都完全不能预料或估计,更不用说什么经验都没有的、虚构出来并附加在那个正在消退的影像上的情感了,否则那个影像只是个玩偶。现在的情况是:由于丧失了非常有趣的刺激,整个混沌的心灵乱了套了;孩子哭喊,爱人昏厥,神秘主义者觉得地狱之门在他面前敞开。所有这一切都是当下的感觉混乱,即现实梦境中的精神错乱。然而正是在经验的这种从最低点下落的过程中,当灵魂处于这种醉态的情况下,我们领悟到其他心灵势不可挡的真实性和外在性。这时我们觉得自己周围不是地理学家所了解的蓝天和大地,而是不可言传并且极为个人化的恨与爱。因为此时我们允许破译了一半的感觉影像在它们的后面拖带它们所唤醒的每一情感。我们赋予每一个令人难承受的强烈刺激以一切弥散的效果;而在那种高压下我们的梦想所表现出来的任何戏剧性潜能——原始经验是富有梦想的——便成为我们对发生在我们面前的生命的看法。我们不可能把它看作是我们自己的生命,因为我们觉得它并不是我们自己体内的一种热情,而是附着于我们看到在世界上到处活动的形象;因此,我们毫不犹豫地称之为那些形象的生命或那些生物的灵魂。

正常但通常却是谬误的"感情误置"。

　　感情误置是最初充斥虚拟世界的东西。由被感知事物唤起的一切情感全都消融在这些事物之中,并且被迫成为它们的本质中精神性的和不可见的部分,而且,是一个完全像它们的运动一样广为人知和直接被感知的部分。追问这种情感为什么被客观化可能会暴露出一种关于经验及其连接的、完全老于世故的看法。因为鉴于下述情况,这些情感从一开始就是客观的,所以它们无需被客观化:它们附属于客体,并且也像那些客体一样,从未被"主观化"或被定位于思想者的身体中,也从未被纳入那个意象系列,众所周知,作为一个整体,那个意象系列在那个身体中有其席位和寒暑表。相反,这些激情的寒暑表是另一个人的身体;而我们心中的小小梦想,即我们因为感知他的运动而产生的快速戏剧性联想,则是我们对他的思想的感知。

　　因此,对异己思想的感觉开始时是一种十足的幻觉。这种思想是一个人自己的思想,它与在空间中活动的意象有关,并且不加鉴别地被设想为那个意象的隐匿部分,亦即附属于其运动的、以未被听见的独白方式在幕后实际存在的形而上学意义。这种感觉在神话学、泛灵论以及爱和宗教的诗性形式中一直是一种十足的幻觉。在这种情况下,通过展示那种在现象进程与跟它有关的情感之间即刻呈现的基本分歧,较好地掌控经验能消除那些草率的想法。毫无疑问,那些情感可能似乎是和观察一起消融在未经消化的经验中的个人幻想。除了客体在心灵中激起感情上的、滑稽的反响的力量之外，它们并不指示客体的任何东西。批评往往会廓清以如此诗性的方式扭曲的世界；它的那些可以继续存留的残余会被说成是寓言，即只是用于常规表达的隐喻。最后，甚至诗性力量也会放弃不光彩的作假：诗人自己不久就会更喜欢用自然的词语来描述自然，用令人感动的谦恭言词来表达人类的情感，既不让它们扩展到现实的领域之外，也不异想天开地把它们从必需的土壤和场合中连根拔起。他会歌颂自然对灵魂的支配力、灵魂在自然中的喜乐、事物的可见之美，以及有这么多重大事件和排列的那种自然过程之稳健行进。正像在卢克莱修和但丁的诗中精确性所起的作用一样，这种画的精确性也会使它更为壮观，而它的伤感力和戏剧趣味则会因其真实而倍增。

它不是谬误的那种情况。

产生普遍幻觉的基本习惯在某些情况下可以成为理性知识的来源。这种可能性并不会使有成效地研究过自然和生命的人感到惊奇。自然和生命在其所有的过程中都是试验性的，所以在下述事实中并不存在例外的情况：由于在原始经验中意象和情感必然被看作是构成一个单一事件，这种习惯通常会导致幼稚的荒唐想法，但是在特殊的情况下也会产生理性的洞见和道德观。显然，存在着这样一种情况，在这种情况下感情误置并非谬误，即观察对象恰好是一个类似于观察者并受类似影响的动物，比如就像一群羊或牛为莫名其妙的恐惧所支配时那样。每个人当他奔跑时归诸其他人的情感，像平常一样，是他本人所感受到的情感；但恐惧这种情感却是其他人实际上当时正在感受的情感。因此，他们的面部表情便成为确实与之相随的那种感受的公认表达。徒手搏斗也如

此：每个人归诸其他人的意图和激情乃是他本人感受到的东西；但
这种归诸很可能是正当的，因为好斗是一种极具感染性的单调激
情。它被最轻微的不友好暗示所唤醒，并且因为榜样和竞争而大
大加剧；我们与之战斗的那些人和与我们并肩作战的那些人共同
激起它，而作战时每个人出于本能发出的那种响彻云天的普通喊
杀声乃是正在穿行于他们所有灵魂的那种东西的一个恰当而又精
确的符号。

因此，每当将情感归诸一个类似于感觉者并被类似利用的动
物时，这种归诸是相互而正确的。感染和模仿是产生情感的重要
原因，但就其是产生情感的原因并使感情误置开始起作用而言，感
染和模仿防止并修正那种误置中谬误的成分，而且使之成为表达
真实的，而且可以说是神奇的洞见的一种工具。

认识只是偶然
获得成功。

让读者思考一下下面这个观点：认识实
在，从某种意义上说，是一个不可能实现的愿
望，因为认识意味着有意义的表象，亦即关于
存在的论说，它并不包含在认知思维之中，并且在持续时间和场所
方面不同于表象它的那些观念。但是，如果认识没有它的对象，那
么它怎么能专注于它呢？而如果认识有它的对象，那么它又怎么
能成为知识，或者说，怎么能具有任何实际的、先知的或回溯的价
值呢？意识不是认识，除非它指出或表明其实它不是什么。正是
这种超越赋予认识以认知的和有用的本质，传递的功能和有效性。
因此，在认识中肯定存在着某种像正当的幻觉、偶然满足的非理性
愿望、偶然一枪破的的运气那样的东西。因为僵死的逻辑会坚持
唯我论；然而，当非理性的生活不断地蹒跚前行，并在许许多多的

中心自行繁衍时,它以某种方式服从逻辑,并设法对它所滋生的理性加以利用。

现在,在自然存在与同一栖居地中类似存在的关系中,就存在着我们为引进认识中不可思议的超越——亦即跃离虽然未受理性的激励但却会在理性中寻找连续不断的辩解的那种唯我论——而需要的时机。因为,由于心理学的或病理学的需要,第三级特性被归诸客体。因此,隐匿于客体的某种东西,亦即将来对那个客体的任何考察都不可能揭示的某种东西,就和那个客体结合在一起,并被认为是它的核心和形而上真谛。第三级特性是存在于观察者及其初始意识中的情感或思想,它们与自己的伴随者和前因尚无关联,尚未被放逐到他私密的心灵里,也不为他个人的天赋和景况所解释。把这些私人情感当作其他存在(other being)的实体显然是大错特错;不过,这个错误虽然就方法而言仍然是一个错误,就以下这一事实而言却不再是一个错误:其他存在的天性和景况碰巧与神话学家本人相类似,因此实际上具有存在于神话学家心中并被他归诸其同类的那些情感和思想。这样,一种想象的自我超越,亦即一种轻率表白的、想要抓住独立的实在和了解不可知的事物的愿望,可能会发现自己得到了意外的报偿。想象力可能中了彩,思想的病态意外事件可能产生了知识和健全的理性。其他存在之内在的、不可达到的核心大概已经被揭示给了私密的直觉。

洞察力的范围。　　在还不了解洞察力自然的和偶然的起因的那些人看来,洞察力的这种奇迹所能扩展的肯定超不出客体与知觉工具的相似所能扩展的范围。直觉天赋的失败与观察者的身体习惯和被观察的习惯及身体的不同成比例。误解始于体质趋异，并迅速蜕变成错误归因和荒诞的神话。相互了解的范围正好与相似结构和共同占居的范围重合，所以对洞察力的曲解创建非常近的家园。除非我们保持异乎寻常的可塑性和玩耍能力，否则我们很难了解儿童的想法；男人和女人实际上相互之间并不了解，在男人与女人之间起支配作用的与其说是同情，还不如说是习惯性的信任、理想化或讽刺；外国人的想法纯粹是一个谜，而被归诸动物的那些思想是由伊索寓言和生理学混合而成的怪物。关于宗教，被归诸自然和神祇的一切情感是如此异乎寻常的不适当，以至清醒的批评者只能把这种寓言看作是对人类情感和需要的可怜表达；而对从未抱着同情的态度支持过宗教崇拜或通过感染认识到教会法令和信仰表白书的人性意义的那些不信仰宗教者来说，即使撇开神祇不谈，每个宗教本身也是完全不可理解的。因而，愚蠢和缺乏洞察力曾常常显现于自称为宗教史的那种东西。比如，我们听说古希腊宗教是浅薄无聊的，因为习惯于教理问答法和宗教道德观的基督教历史学家没有注意到古希腊宗教的那种神秘的敬畏与重要且实际的和具有诗意的真；与此相类似，在新教徒看来，天主教虔诚似乎是一种具有审美情趣的沉迷，一种诉诸感觉的宗教，因为这是其外表能够在他身上唤起的唯一情感，尽管他对深入日常生活的事情与情感之中的超自然系统感到不习惯。

语言是建立一致并将思想从一个心灵传递到另一个心灵的人造工具。像每个手势一样，每个符号或短语也将观察者抛入一种在说话者身上某个观念与之相符的态度；完全坠入说话者的态度就是完全了解。表达中感染和模仿的每个障碍都是理解的障碍。

由于这个原因,像一切艺术一样,语言也随着岁月流逝而变得苍白;言辞和比喻失去了感染力和暗示力;因为反复使用,言辞和比喻曾一度表达过的情感已不能再恢复。就连最富有灵感的诗句,尽管它不无理由地自诩为不朽,随着时间的推移也会成为几乎无法辨识的象形文字;曾用来写下该诗句的那种语言死了,要想看出即便是一点点的该诗句原本确切意义,也需要学识方面的教育和想象方面的努力。没有什么比心灵更不能撤回的了。

　　思想的潮起潮落变幻莫测,

　　月亮会回来,但精神却一去不复返。

对特性的感知。　　不过,有一种完全不同且积极得多的解读心灵,或在隐喻的意义上用那个名字来称呼的东西的方法。那种方法就是解读特性(character)。我们所熟悉的任何东西都教我们预测它的习性;我们可能无法分别列举各种细微的迹象,但从那些细微的迹象可知道正在发生什么变化,有机体中正酝酿着什么样的激励。因此就有了面部表情或姿态风度;因此就有了在人身上可以看到的习惯和热情的痕迹,以及那种关于人的、激起信心或疑虑的、难以形容的东西。解读特性的才能部分是本能,部分是经验的结果;它可以等同于预见,它指向的不是意识,而是过去的或最终的行为。不过,习惯和热情有隐喻的心理名称(metaphorical psychic names),这些名称与其说是标示特定的行为不如说是标示性情(这种性情被以神话的方式描绘成一种警觉的、萦绕于心头的精灵,它盼着在人的耳边悄悄地提建议)。

因此,我们可能会自己欺骗自己地想象:其实标示习惯的一种姿势或态度却标示情感。实际上,有关的情感,即使确实表达了的话,也是表达得极其含糊的,它只是一种回响或被描绘活动周围的半阴影罢了。

> 被预测的行为,
> 被忽略的意识。

　　　　　能解读特性和习惯,并且一眼就能预测出一个生物的所有潜能,这是行家里手的一个标志。这种洞察力是相马师、养狗行家和老于世故者的特性。在它的指引下,天生的领袖本能地对他的下属和敌人做出评判;它使每个评判人类事务或自然现象的行家都各具特色,他们都能很快发现过去的或行将发生的事件的一些细小但却说明问题的迹象。就像天气预测家观察天象一样,有经验的人观察其他人。有经验的人最不关心的是其他人的意识;当他确信自己掌握了他们的脾气和习惯时,他会允许他们的意识自行逃逸。处理事情的高手通常都缺乏同情心。他的观察毫无戏剧性或梦幻感可言,他不受动物性感染,也不再现他人的内在经验。他太忙了,无暇那么做,并且太执著于要达到自己的目的。相反,他的观察是径直的计算和推断,它有时查明人们自己都完全没有发现的他们的性格和命运的真相。这种领悟在弱者看来是专横可憎的,他们认为他们了解自己,因为他们沉溺于滔滔不绝的自言自语(这是畜生和疯子的表达方式)中,而实际上他们对自己的能力、景况或命运却一无所知。

　　比如说,如果卢梭写了《忏悔录》(在该书中,坦诚与缺乏自知之明同样地显著)之后,听到某位有才智的朋友,比如休谟,用寥寥数语勾画出作者真实而可鄙的性格,他会大声抗议说,在他雄辩的意识中并不存在这种卑鄙的特性,在那里它们也许并不存在,因为他的意识是一个表演性的东西,它表达他自己的本性同表达人类的本性一样不完美。当心灵失去理性时,停下来去理解心灵是没有什么实际效果的,因为这种心灵与实践毫不相干,人们通过完全不考虑那个人的心灵便能够充分理解指导他实践的那些原则。因此,明智的统治者不顾其臣民的宗教,或者说,只关心其臣民的宗教的经济方面和性情方面;如果了解了支配生活的那些真正的力量,那么也许就会忽视在心灵中代表那些力量的符号。但这种政府,比如英国人在印度建立的政府,与其说是有同情心,不如说是务实。尽管聪明的人为了自己的物质利益可以容忍这种政府,但他们绝不会因为它本身而爱它。没有什么比获得他人同情更爽的了,但是什么也不需要一种比乐意看到有人列出一个人的方程式更罕见的理智英雄主义。

不能信任的意识。　　　　　　不过关于性格的上述这种代数感(algebraic sense)在人类的友谊中还是起很大的作用。友谊的一个主要因素是信任,而信任是不可能通过复制意识来获得的,它只能通过洞察那些在决定行为和习惯的过程中也决定意识的基本本能来获得。忠诚不是观念的特性。它是自然——从动物到季节、星辰——非常明显地具有的一种德性。但是,忠诚给予友谊最深邃的圣洁,我们对一个人的尊敬,对他的力量、能力、坚贞和高尚的看重,并不是他的飘忽的思想所唤起的情感,而是一种建立在我们自己的观察上的、认为他的行为和性格是可以料想得到的自信。聪明活泼、感情丰富、想法多多,既是忠诚的障碍也是功绩的障碍。独立于偶然意识之外的、自然形成的本性有很高的价值。它存在于会在特定的情况下为最高尚的行为提供保障，并自然会随之为最高尚的情操和观念提供保障的那种根深蒂固的德性；这些观念往往是自发产生的，而且它们考虑更多的往往是它们的对象，而不是它们自己。

隐喻的心灵。

用心理隐喻表达习惯是神学也知晓的步骤。每当人们宣称自然法则或道德法则揭示了神的心灵时，这个心灵是一套形式的或伦理的原理，而不是想象的、戏剧性地再现的意识。人们表达的是神的操作，而不是神的情感。这样，上帝的善成了生命之裨益的符号，上帝的愤怒成了生命之险恶的符号，上帝的戒律成了生命之法则的符号。斯多葛学派所说的神单独具有这种象征性；人们可能曾像把神称作"智力"（an intelligence）一样乐意地把神称作"城"——亲爱的"宙斯之城"。而坦率的古代哲学家们所说的他们在这个世界上所看到的那种智力始终是这种代数意义上的智力，它们可理解的秩序。在希伯来先知们引人注目的政治哲学中，他们说的"耶和华"似乎只是指一种道德秩序，一个善恶有报的原则。

总结。

因此，真正的社会只是这样一种情形：一些相似的人过着相似的生活，而且他们共同的习惯和技艺的感染使他们每个人都能根据自己的经验把各自实际上所忍受的东西归因于彼此。新的思想可以传达给以前从未有过这种思想的人，但是只有当说话者通过使用手段支配听者的心灵，强迫那个心灵复制他的经验时，才能进行这种传达。所以，行为和身体的相似是检验关于虚构心灵（conceived minds）的存在或特性的有根据推论的唯一标准；但这个最终的检验远非这种构想的根源。它的根源根本不是推论，而是直接的情感和感情误置。被归诸他人的始终是某种直接感受到的东西，一个一直在做并戏剧性地展现的梦，但这个梦却被不加鉴别地归诸客体，而客体的活动暗示和控制这个梦。不过，只是在一种情况下，第三级特性正好与实际上赋予被认为具有第三级特性的客体以生命的经验相符。这种情况是：客体是一个在结构和行为方面类似于感觉者本人的身体，感觉者赋予那个身体以激情，这种激情是他通过受身体感染和模仿它的真实态度而获得的。这就是清楚的表达和真正交流的条件；超出这个范围，除了神话、隐喻或以"道德素质"（moral dispositions）的名义对观察到的习惯的代数标示之外，没有什么东西是可能的。

第七章　论说和存在中的凝结物

所谓抽象的第一级特性。

有形体（material objects）的观念通常吸引人的心灵，而且它们的盛行导致了这样一种轻率的假定：所有其他种类的观念都在物理观念之后，并且都是从物理观念中抽象出来的。人们说，桌子就是一个特定而单一的实在；它的颜色、形状和材料是它整体性质的各个部分，亦即各种特性，这些特性也许可以分别加以关注，但实际上它们只存在于这张桌子本身之中。因此，颜色、形状和材料是抽象的要素。它们可能会分别面对心灵，而成为关注的比较性对象，但是它们不可能存在于自然界中，只是在一起存在于叫做"特殊事物"的具体实在中。此外，正如不同的桌子可以具有相同的颜色、形状或材料一样，这些抽象的特性也被认为是普遍的特性；它们是可能会被断言为许多个别事物的属性的一般性词语。于是，在心灵可以想象的这些特性或观念和在远处存在的具体实在之间能够做一个对照。因此，哲学能够领悟亚里士多德的名言：特殊只存在于自然中，一般只存在于心灵中。

这种话语相当准确地表达了概念的第二个常规阶段，但是它忽略了常规（convention）本身必须依靠的原始虚构。只有发现了个别的有形体（individual physical objects），才能对它们被构想出来的性质进行抽象；只有逮住了鸟，才能拔它的毛。发现有形体就是集聚在同一个空间里，并且融化在一个复杂的身体、像有颜色的形状和可触摸的表面那样的原始材料中。智力觉察到这些能感觉

先于特殊事物
的一般特性。

得到的特性一起演化并且马上为外力或一个人自己的随意运动所控制，于是就对这些运作中的特性加以辨认，尽管它们能感觉得到的特征始终保持着各不相同。因此，人们以一种有助于实际智力的方式，通过使一些空间特性融化或交织在一起来构想有形体。它是比构成并使人联想到它的那些要素高得多、远得多的东西；客体把这些要素所具有的那些显露和消失的习性约化为恒久且可以计算的原则。因此，由于客体的能感觉得到的特性是客体的原始构成要素，把它们看做是对客体的抽象，完全是错误的；也不能把能感觉得到的特性看做是由几个具体对象的比较所产生的类属概念（generic notions），因为，要不是这些凝结物（concretions）表达了在重现过程中立即被感知到并已经被认出的那些能感觉得到的特性的一些已被观察到的变化和重现，这些凝结物绝不会成为或被认为是恒久的。这些凝结物本身是真正的特殊者。它们是最早在关注的过程中得到鉴别并在意识的背景下投射出的客体。

可以用两种不同的方法详细考察和描绘直接连续体（the immediate continuum）。前一种方法因为过于原始和基本，纯粹是所有内心论说的条件，所以在心理学中往往被忽视。用来发现外在事物的这第二种方法，则受到了较多的关注。后者在于这样一个事实：当几种完全不同的感觉由于重复出现而变得可以再认，因而被观察到一起出现、一起消失，或者与观察者的某个有意的动

作有固定的关联时,它们可以由于接近而联结在一起,并融合于某个被感知的空间中。那些感觉,比如说触觉和视觉,本质上具有空间性,因而可以很容易地被叠加;我所看到的外表和我所触摸到的外表可以通过下述办法加以识别:将它们一起加以描述;发现它们经历同时发生的种种变化和保持与其他知觉的共同关系。于是,我就可以着手借助某个关联域内的、为该关联域的实际关系所界定的全部感觉,将自己的经验归诸一个"单一客体"——关于理智综合和理想意向的词语。因而那个理想的客体具有和我所具有的、构成那个客体的那些可联合的感觉一样多的特性和力量。这个客体是我的空间中诸知觉的凝结物,所以苹果的红、硬、甜、圆全都融合在我的实际观察中,并且被给予一个占有一定空间的"聚居地"(habitation)和一个名称。

共相(universals)是论说中的凝结物。

然而,这种综合,即使意象叠加和混合成物质客体的观念的这种过程,并不是知觉常常发生的那种唯一的综合。这些知觉甚至还没有在空间中叠加就已经由于其质的同一性(qualitative identity)而一起坠落了;因为,为了使人知道自己是反复同时发生的,是可以由于接近而联结在一起的,这些知觉就必须由于类似而联结在一起,必须使人知道自己是各别反复出现的。一种感觉的不同重现必须被认出来是重现,而这意味着按相似原则对感觉进行归类,对几种材料的共同性质进行统觉。一种知觉出现得越频繁,就会越难在记忆中对它以往的每一次出现加以区别,不过它当下的重现就会越容易被认出来是熟悉的。因此,感官知觉不会被认为是任何早先单一感觉的重复,而会被认为是一种熟悉的、普通的经验(a familiar and generic experience)。这种经验，亦即建立在所有那种先前感觉基础上的自发重建，会成为重复产生的感觉从此以后会被认为与之等同的那种唯一习惯性观念(the one habitual *idea*)。在时间上彼此接续的相似事物的这样一种生动的凝结，就是本质或特性的观念，亦即被误认为是从有形体(physical objects)中抽象出来的东西的共相，实际上人们正是通过把上述这些观念一并置入一个永恒的空间体系来构想这些有形体的。

如果我没有弄错的话，我们现在知道了人类知识中两个最重要的术语——观念和事物——的起源。两种概念形成法(two methods of conception)在日常生活中瓜分我们的注意力；科学和哲学发展这两种方法，但是常常没有道理地偏袒其中的一方。它们只不过是亚里士多德心理学的那些陈旧的原理——类似联想(association by similarity)和接近联想(association by contiguity)。只是到了现在，在逻辑学家费尽心计地批判了这些原理，心理学家绞尽脑汁地应用了这些原理之后，我们才可以背离传统立场，在精神生活的后期应用这些古老的原理。

类似的反应，一旦并入一种再现习惯，便产生观念。

类似联想是一些印象的融合，这种融合将那些印象中共同的东西合在一起，使那些印象互换各自特有的东西，最终消除那些不相容的东西；因此，达到那个中心的任何兴奋感都会激活一个产生观念的普通反应(generic reaction)。这些具体的一般性事物(generalities)是真实的感受、内心论说中的基本词语、认识中最早可以辨认的细节、最早具有名称者。理智对意识流控制始于再认这些弥散性实体这一行为，这些实体具有特性和理想的永久性,因而能为论说的不同契机提供共同的参照系。除了观念以外,任何知觉都不可能具有意义,或者说,都不可能收获我们称之为认知的那种指陈力(indicative force)。因为它不会参照另一个知觉可能也不会参照的东西;而且只要知觉没有共同的参照系,只要相继的契机没有通过它们的贡献丰富同一思维对象,富于成果的经验显然是不可能的。假如那样的话,不可能通过生存获得大量正确的观念或智慧。

> 观念是理想性的。

虽然观念的材料当然是感性的,但观念既不是感觉、知觉,也不是任何可能的直接经验的对象:它们是智力的产物、思想的目标、思虑与行动所环绕的理想词语。就像身体是质量中心,尽管它偶尔会与它的某个原子重合,但它本身并不是原子,也不是按照自己意志行动的庞然大物的物质成分一样,观念,亦即某个精神系统的质量中心,也不是那个系统的物质碎片,而是参照和忠诚表意(signification by allegiance)的理想词语,意识的细节为了这种忠诚表意率先成为一个系统和思想的组成部分。一个观念就是一个理想。它给弥漫性存在取名并赋予其合理的价值,它表象这些弥漫性在存中的功能关系。观念是生命的一种表达,而且与生命一样都具有只是以列举自己的质料的方式拒绝界定的那种过渡的和逃避的性质。生命的独特性就在于它是活的;而思想,当它活着时,也超越自身并针对理想性、终极性的事物。它是一种活动。活动并不在于迅速的变化,而在于恒久不变的目标,在于许多契机和过程协力营造一种理想的和谐以及随之而来的理想结果。最尚未发展完全的统觉、再认或期待已经是一种典型的认知,一种依存于永恒本性的过渡性思维。记忆显然也是同样的情况；就过去而言，它实际上是一个相关经验的系统，这个系统现在并不存在，而且作为系统它本身从未被经验过，但是当人们回顾往事时便与之相遇，使之成为理想的客体和一切历史性思索的标准。

所谓抽象的东西使事实臻于完善。

这些被捕捉到的、可以再认的观念，亦即先后相继的类似事物的凝结，并不是抽象的东西；但是在另一种经验的凝结物，亦即空间中的叠加知觉的凝结，成了主要的关注对象后，这些观念有可能开始被认为是抽象的东西。两种凝结物的感觉材料都是一样的；在不同客体中重现（否则就无法保留在记忆中）并产生"圆性"观念的那种知觉，和有助于构成被称之为太阳的这一空间凝结物的那种知觉，是同一种知觉。因此，圆性有可能被草率地称作是"太阳"这个真实客体的一种抽象物；而构成圆性意义的那些特殊的光感和强劲有力感——很可能是不间断的旋转运动感——远早于对太阳的任何观察；这些感觉是经验中的一种自足成分，这种自足成分由于在各种偶然的竞争中重复出现，所以已经被再认和命名，并且成为使更加复杂的客体能够被辨别和界定的一个特征。太阳观念是一个晚得多的产物，而真正的太阳绝不是从中抽象出圆性的原材料，它是一种隐秘且相当理想的建构，是圆性这个逻辑凝结物作为一个先验而又独立的因素所进入的一个空间凝结物。仅凭关于运动的联想，就可以感知圆性，而圆性本身就是一种完整的经验。当这种经验碰巧与其他一些关于热、光、高度和黄颜色的可以再认的经验由于接近而发生联想，而这些不同的独立客体被投射到同一个真实的空间中时，就产生一种凝结物，而在那个区域中被再认并且在那里暂时得到体现的那些观念便成了一个事物的各种属性。

一个被构想出来的事物是一种双重的心灵产物，它与其说是观念，倒不如说是心灵产物，如果你愿意这样说的话，因为观念由于心灵的惰性而产生，而事物的概念则由于心灵的活动而产生。

> 事物是凝结物的凝结物。

观念是心理沉积物；被构想出来的事物是心理生长物。论说中的凝结物反复出现，它只注重材料，而存在中的凝结物却需要对完全不同的成分和关系进行综合。观念只不过是被统觉的和获得认知能力的感觉而已，所以它把它自己被认可的特性看作是自己的对象和理想：黄颜色只是被提升到认知力高度并被用来象征它自己特殊本质的某种关于黄的感觉。因此，它能作为一个术语进入理性的论说，并且能够成为永远有效的命题的主词或谓词。相反，只有当人们能够观察到这种重现的本质的次序和分群（grouping），而且，经验的各种不同的主题和旋律被编成精巧的、进行的和声时，人们才发现一个事物。意识，当它最初变得具有认知能力时，构建了观念；但是当它变得对原因有了认知，亦即变得注重实践的时候，它觉察到了事物。

时间中重现的那些特性的凝结物和存在中联合的那些特性的凝结物一样，都与日常生活有关联，而且都不可避免地向内发展成

> 观念在认识次序中居先，事物在自然次序中居先。

为理性的结构。在意识中，就逻辑来说，主要的是类似联想及其时间中重现的聚集和认同，而不是接近联想及其存在的综合；因为再认识别连续被感知的类似事物，如果

没有对类似事物的再认，就不可能有任何已知的持续现象。但是从生理学上来讲，观察者认为，最早出现的却是接近联想。所有本能——没有本能就不会有思维能力的稳定性或重现——都使运动紧紧地跟随印象，而在意识看来，印象只不过是感觉的并置，它既无法解释也无法避免这种并置。不过，快乐、痛苦与斗争乃是其中重要因素的这种并置，是注意力的主要刺激物，并且早在心灵之前就拓展那个活动且又斑驳的领域，它在那个领域里学习如何根据观察来发表自己最初的看法。事实——连续契机的负累（burdens）——从最初的关于知觉和激情的事实到最终的关于命运和良心的事实，都由于接近而被联系在一起。由于非理性力量的暗中动作，我们经历事件和养成性格，而这种非理性力量在一个人向他自己坦露心扉时完全和在他周围的世界遇到大灾难时一样神奇地无数次闯入生命。在盛世我们非常愿意服从自然的平静过程，它是一连串只有当它被当作它自己的标准和法则时才能被理解的状态。一种没有智慧的哲学可能会试图使这种自然生命、这种盲目生发的存在屈从于某种逻辑上的或道义上的必然性；但是，正是这种尝试，也许一直是掌管事务的那种非理性宿命最引人注目的纪念碑，而这座纪念碑是理性自己被迫用未受怀疑的反讽建立起来的。

对外部知觉的信赖、对具体事实和物质制裁（physical sanctions）的不断诉诸，总是导致大多数有理智的人看重存在中的凝结物而小看论说中的凝结物。他们觉

亚里士多德的折中。

得自己很聪明，不可能把语词误当作事物。在这个问题上，亚里士多德是最成熟因而也是最权威的思想

家,他本人曾教导说,事物具有现实性、个体性、独立性,是知觉的外在原因,而一般观念,亦即类似联想的产物,只存在于心灵之中。公众为自己能理解这一学说而沾沾自喜,但却忽略了这位哲学家的教导中更为深刻的部分。他们可以欣慰地回家了,因为他们相信物质性事物是原始且完好的实体,而观念只是抽象物,亦即这些实在在我们无能的心灵中所产生的结果。然而,亚里士多德对一般概念的看法却比较公正,他最终使整个物质世界围绕着它们运行,并使其感受到它们的影响,尽管他采取的是比较先进的自然科学已经不再需要求助的那种玄奥而又神秘的方式。虽然人在生活的冲击中总是遇到意外的事情,但在冷静反思时他只能用理想的模子重新浇铸每个事物,而且只能保留永恒的性质和可以理解的关系。亚里士多德认为:虽然认识源于物质对感官的冲击,但它的目的是对本质的理解;虽然人的动物性使人无法脱离经验的意外因素,但由于他具有理性,他也是永恒真理的分享者。因此,虽然因为缺乏一种由机械论观念促成的自然史,这种二元论的基本原理仍然多少有点令人迷惑和费解,但亚里士多德既对人类生活的条件又对人类生活的功能做了基本上公正的评判。亚里士多德是一位真正的哲学家、经验的学生,他宁可不连贯也不有偏向。

经验对接近的偏爱。

因此,积极的生活和从实践中借取概念的哲学非常重视接近联想。尽管霍布斯和洛克承认这种知识是完全以经验为依据的、试验性的和成问题的,但他们使它成了关于实在的唯一知识。它是一种对事实逐年加深的认识,它使心灵与最初与之不相容的某个事物协调一致。除了这种实践的知识或审慎之外,还有一种言辞的,而且只不过是理想的知识,亦即关于抽象词语的意义和关系的知识。在数学和逻辑学中,我们可以进行一长串一长串的抽象思考和分析,可以无限制地发挥自己的想象力。然而,这些思辨则是虚无缥缈的东西或内心的活动(在这些哲学家看来,它们差不多是一回事);它们是否适用于实际生活和知觉中所给出的客体,它们是否与之有关,还很难说。一门自我发展中的科学,即先验的综合性科学,具有完全假设的、临时性的价值;它是否具有实践的真理性,乃取决于它在某个最终能够感觉得到的经验中所产生的效果的核实。联想被用来解释思维能力是如何调整以适应外部知觉的次序的。因此,联想(接近联想一般被简称为联想)就成了经验主义的战斗口号;假如接近联想同样也是内心活动的话,那么关于富于成果的理性的哲学也会为它自己的研究采用这一原理。但逻辑学家和数学家却自然而然地忽略了他们自己的心理,而且由于他们习惯于不负责地、建构性地使用理智,他们便将那些用回顾的和自然主义的方法试图让他们了解一点自己的批评者看成是浑浑噩噩、庸庸碌碌的入侵者。

　　理性观念必然会以某种方式出现在心灵之中,而且因为它们注定是要用于经验世界的,所以发现这两者之间的接触点和它们的相互依赖性是很有趣的事情。人们原本会在心灵最初的那种构想两种客体(一种是由持久相似的感觉所组成的那些客体,另一种

> 逻辑与实践的人为分离。

是由短暂融合的感觉所组成的那些客体)的能力中发现这一点。在经验主义哲学中,逻辑和数学的适用性一直是一个奇迹,或成为一种误释(misinterpretation):如果自然过程遵循人类观念的内在细节,

则是奇迹;如果智力偏见先验地把不是实在所固有的特性和次序强加于实在,则成为误释。经验主义者——在这方面康德应当算是其中之一——的错误(这个错误使他们能无视这一难题)是,他们承认,除了理性思维之外,还有另一种人们借此得以生存的本能智慧,这种智慧,英国人称之为经验,德国人称之为实践理性、精神或意志。可以允许理智科学(the intellectual sciences)在抽象的自由中消磨时光,而人类则践行其不合逻辑而凭灵感的生活艺术。

在这里我们看到人类精神在被深深打动时常常会流露出来的某种简单的粗鲁或野蛮。天意(chance)和占卜不仅被迎入这个世界,而且像风和火的崇拜者所崇拜的风和火一样,就因为不顺从人类理性的细则而格外受人尊敬。但是实际上,英国人的审慎和科学的两重性同德国人的理性和知性(understanding)①的两重性一样都不是生来固有的。真正的对照是冲动与反思、本能与智力的对照。当人们在自己身上发觉有动物的原始权威,并且一点也不尊敬一种发微光的理性(他们怀疑它是次生的,但却不能看出它是终极性的)时,他们很容易想象自己是在诉诸某种比智力更高的东西,而实际上他们是在求助于某种比智力更深更低的东西。在这种时刻,在他们看来,这种残留的东西似乎是神圣的;而且即便他

————————————

① 从某种意义上说,这种区分是柏拉图式的区分;但是柏拉图的理性有别于理智(understanding)(它处理的是现象的经验),因为它是界定在柏拉图 的术语表中获得"实在"这一称号的那些价值和意义的一种分辨是非的能力(a moral faculty)。德国人的理性只是想象,它用世界辩证或诗性的历史代替其自然的发展。因此,德国唯心主义并不像柏拉图的唯心主义那样是一种实体化的道德哲学(a moral philosophy hypostasised),而是一种受崇拜的伪物理学(a false physics adored)。

们构想出一种理性的生活,他们也会鄙视它,把它看作是一堆诡计
和常规。的确,对于生命来说,理性不是不可或缺的,如果不管怎
么说生存都是唯一不确定的目标的话,那么理性也不是生命所需
要的东西;动物和大多数人的生存方式就足以证明这一点。只要
人不是理性动物,不生活在心灵中也不依靠心灵生活,只要他的偶
然意欲(chance volitions)和富于梦想的观念在不相互表象或调整
的情况下流逝,只要他的身体占主导地位,甚至他的被激起的行为
也是一种消极状态,我们真的可以说他的生命不是理智性的,而且
也不依靠经验中一般概念的应用;因为他靠本能生活。

　　理性的生活,亦即对原因的理解和对目标的追求,起始于本能
的运作因开始意识到自己的意图并表象自己的状况而不再只是如
此的地方。思维的逻辑形式渗入并构成实
践理智。经验的冲击的确能修正、抑制理
性的期待,或使其落空,但它却不能取代理性的期待。我们失望后
经验应该再次给我们上的第一课往往就是理性在灵魂中的重生。
理性具有一切自然趋势的那种不屈不挠的持续性;它像波浪拍岸
一样,重新发起进攻。看到它的失败就已经是赋予它新的化身。
审慎本身是模糊的科学,而科学,当它包含真正的知识时,只不过
是一种澄清的审慎、一种对经验的描述和一种生活指南。如果思
辨的理性不也是实践的,那么它根本就不是理性。与经验不相干
的命题在形式上可以是正确的,达到它们的方法可以拙劣地模仿
科学的方法,但它们实质上是不可能正确的,因为它们并不指称任
何东西。它们像音乐一样,没有对象。它们只是流动,并且奉迎某
些人的那种无所附着的感觉力(sensibility),以此取悦那些人。

它们的相互纠缠。

　　休谟(在这方面,他比康德本人更加激进和令人满意)非常清楚地看出,理性是本能的理想表达,因此除了数学领域和经验领域以外不可能有什么理性领域,不是材料(datum)的东西必定是一种建构(construction)。他在智力的基础上建立"做假倾向",并承认自己在对人性的评论中和在自己实际生活中都同样屈从于这些"伪装倾向";此时,他承认,在经验主义者或普通人有幸与闻的一切言论和格言都含有理性,亦即那种不可理解的本能。不过,他用多少有点不公正的和讽刺性的术语来掩饰他的学说;而且,他由于招致感情主义者(sentimentalists)永世难以消歇的仇恨(他们对他的腔调太反感,以至永远不可能理解他的原理)而为对个人情绪的那种放纵付出了代价。

　　如果说经验主义常见的错误是看不到理性在思想中的遍在性(omnipresence),那么理性主义的错误则是不承认理性的易变性

> 理性主义的自杀。

和依赖性,不理解理性的自然寿命。巴门尼德是那派人的亚当,他第一个品尝到了那种骗人的知识,这种知识答应使人成为神,但却把人逐出了经验的乐园。他的罪传给了他的后裔,不过它几乎已经不再是什么恢宏而简单的滔天大罪了。色诺芬尼①曾凝视苍穹大声地说过:"整体是一";而上述那种关于弥漫的同一性的感觉,在用严谨的逻辑术语对此加以解释之后,使他的高贵的信徒确信:一种无法辨别、不可改变的实体在世界上无所不在。巴门尼德将类似联想推进到

————————————

　　① 色诺芬尼(Xenophanes,约公元前 570—约前 470),古希腊哲学家、游吟诗人,埃利亚学派的先驱。——译者

如此极端的地步，以至于他获得了"每一事物中的唯一类似者"
（what alone is similar in everything），亦即"它存在的这个事实"
（the fact that it is）的观念。存在者存在（being exist），此外别无
他者存在；因此经验中的各种关系和变化都成为可以忽略的幻象，
而理性在维护自己的绝对权威时便失去了它的功能。这位古希腊
智者的最初试验像那么多的其他试验一样给了我们值得注意的教
训，心灵则曾凭借其自由和洞察力，用高贵的自信很快地将这个值
得注意的教训引导到思想的终极目标。

　　此后理性主义者的英雄主义和抽象思维再也没有达到过这种
高度。再也没有人愿意完全忽略除了在经验中通过吸收而达到的
最高概念外该经验的其余材料和建构；再也没有人愿意拆毁其大
厦的整个脚手架和所有石块，仍然希望保留其在大厦顶端所树立
的仰之弥高的标志。不过，所有的理性主义者都像那些希望教堂
的拱顶由若干尽可能纤细的柱子来支承，于是便取消该建筑所有
无窗墙并将它们改为彩色水晶玻璃隔断的哥特式建筑师一样，渴
望拆毁或贬损下部结构的某一部分。所以，经验及其顶端概念
（crowning conceptions）就得完全由一般性质的骨架来支承，物理
力量被比作逻辑术语，通过辨认类似物而获得的概念（concepts）
取代通过根据事物的历史连接（historical conjunctions）对完全不
同的事物加以分类而获得的概念这些接近的感觉——它们偶尔例
示观念中的逻辑对照并赋予其偶然性的存在——曾不是完全被忽
视，或被当作无意义的东西而不予考虑，就是被认为只是幻象而
已。眼睛曾注定要接受这样的训练：从观看那种斑驳的混沌，转变
为观看那些维持并框定那种混沌的严格界限和永恒分隔。

理性主义是一种公正的民众所不可能具有的建造者之偏见；因为无窗墙和不可能有支承屋顶的功能的玻璃幕墙也像屋顶本身一样，就遮蔽和美观而言是必要的。所以，一直未被归类于逻辑范畴的那种经验的偶然填充依然保有其全部原本的现实性和重要性。逻辑所强调的它的概要，虽然也许是我们表达最崇高的思想的基本工具，但也只是一种建筑方法和一种建筑风格而已。它的概要既没有吸收所有的生命质料，也没有垄断生命的价值。正像每种材料都把一种不同的建筑类型强加于建造者的聪明才智，而建造者必须按照不同的建筑原理来处理石头、木头和钢铁一样，理解的逻辑方法，虽然它们是在心中自发产生的，但也必须证明自己适合于事实的自然的次序和亲和力①。因此在这种必然性中并不存在对理性的自发性的任何冒渎：因为理性也有各种各样的形式，而范畴的多样性在种类方面则比不上经验的偶然事件。这里一个次序原理射入心灵，那里另一个次序原理又射入心灵，而心灵则培育出比地球上最肥沃的土地所能养育的个体还要多的属和种。

---

① 这种自然的次序和亲和力是被假定自己真相的最终判断行为输入终极思考对象——实在——的某种东西。当然，在理解的最初试验完成之前，它不是凭借意识就能觉察得到的；最早把某个主观范畴强加于感性材料的理解行为最先达到客观秩序观念（the notion of an objective order）。不过，历史学家对经过多次这种理解试验之后而达到的正常秩序有屡试不爽的成熟看法。他从这种最新假设的有利角度，审视他人想要了解事件的那些尝试，并把它们与他相信他自己已经发现了的客观次序进行比较。在此发表这番言论，以免读者把被设想为在应用人类范畴之前就已存在的自然次序与对哲学家所达到的那种次序的最新看法弄混淆了。后者只是信仰而已，前者则是信仰的理想对象。

因此,正像外部世界是通过叠加同时存在的知觉而构想出的客体库一样,语言及其所包含的逻辑是通过辨认连续知觉而形成的词语库。

本质与存在的互补性。

这两种概念次序——逻辑的次序和物理的次序——是根据不同的原理形成的,因而它们并不吻合,而正是因为这两个对照项的性质的缘故,把它们融合成一个可论证的实在或精神物理学的体系的尝试是注定要失败的。当埃利亚的哲人们证明运动的不可能性——即不可表达性——时,或者当康德及其追随者们证明一切经验对象和一切自然知识的非真实性时,存在中的凝结物(它们是他们思考的对象)和论说中的凝结物(它们是他们思考的尺度)之间的天然差异使他们的工作变得容易了。两者并不相称;这些哲人虽然固守逻辑的形式,但却强迫自己将一切不能以这些特殊的形式充分表达的东西视作不可思议而加以摈弃。因此,他们就对普通民众进行报复,后者主要忙于物质性事务并生活在感觉意象的环境中,认为逻辑建构和反思分析的所有产物都是不真实的、抽象的。不过,这些逻辑产物实际上并不抽象,而是像我们所看到的那样,是用不同于结果产生物质性概念的方法获得的凝结物。鉴于事物的概念是若干共时性感觉的局部性聚合,逻辑实体是对暂时有差的相似感觉的记忆中的同质性复活(homogeneous revival)。

因此,有偏见的多数人和有逻辑的少数人进行无休止的争斗:逻辑学家指责物质世界难以理解,而具有常识的人则指责逻辑世界抽象、不真实。前一种看法比较深刻,因为类似联想更加基本,并且使意义恒久不变;而后一种看法则更加实际,因为只有接近联想把它自己经验的机械顺序告诉心灵。这两个原则都不能屏弃,它们只是错在相互指责并希望成为无所不"食"的东西,一方面,好像逻辑能使任何人了解事件的历史和客体的关联似的,或者另一方面,好像认识的和辨别是非的(moral)过程除了恒久不变的理想本性之外还可以有其他什么词语(terms)似的。可命名的事物本质或价值的标准必然总是观念的虚构;存在必然总是经验的事实。前者始终远离自然存在,而后者则始终无法简化为一种逻辑原理。①

---

① 为了简明起见,这里只提及先于事物概念的那种观念。不过,事物被发现之后,它们可以被用作第二次观念综合中的词语,而更高层面上的论说中的凝结物则可以由存在中持久不变的凝结物所构成。专有名称就是论说中的这种二次凝结物。"威尼斯"是一个涵盖许多相继的方面和状况的词语,这些方面和状况在想象中未被区分,属于一个在时空中持续存在的客体。威尼斯的这些状态每个都构成一个自然客体,即存在中的凝结物,并且能再次分解为大量融合在一起但却可以再认的特性——光、运动、美——,每种特性都是论说中的最初凝结物、经验中的基本词语。特性由其自己的观念或永久性而得到再认;事物由于其构成性而得到再认;肉体化的精神由于融合成事物所具有的恒定性的理想本质而得到再认。要想把自然客体提升到历史实体(historic entities)的地位,那就必须在更高的层面上重复曾使感觉提升为观念的那种论说中的凝结。当熟悉的客体获得这种理想特征时,它们就成了诗性的客体,并且得到了一种个性(personality)。于是,它们就有了一种精神状态。因此,感觉经验凝结成逻辑术语,这些逻辑术语凝结成事物的观念,而这些事物的观念再一次在想象中熔炼重铸,凝结成精神的形式。

第八章 论事物与观念的相对价值

源出于其逻辑原理
的意见的道德风气
（moral tone）。

人们在回顾长达许多世纪之久的意见史时，通常凭模糊而深切的直觉感到某些神圣的教条具有一种固有的尊严和灵性，而其他的思辨倾向和语汇则似乎与一切卑贱浅薄的东西结合在一起。哲学中的这种道德风气是如此根本，以至于人们通常比起相信自己的意见是正确的来更坚决地相信自己的意见是宝贵的。他们也许会在反思时坦率地承认自己可能是弄错了，因为名气不小的思想家们坚持过各种截然相反的意见，但人们通常绝对确信，如果他们自己的观念能被普遍接受，那么人类将因此而受益，实际上人类的道德利益并不是和发现碰巧是正确的东西，而是和发现具有特殊外观的真相有密切关系。这种对道德判断的莫大信任有时候是有意识的和公然宣称的，所以哲学家们请求世人信奉那些无人为其提供证据但却与当下的抱负或传统的偏见一致的教义。因此，被寄希望于发生的事物的实质内容（the sabstance）甚至在哲学中也成了没有被看见的事物的证据。

这种信念确实非常具有人性的特点，它陪伴心灵经历了所有的探索和发现；偏爱是区分和关注的主要根源。理性在其最初显现时就发现了自己的喜好和无能，并使其构建的观念充满友善或敌意。理性的最新建构物继承和意志的这种关系，这是不足为奇的；我们会看到，形而上学体系的道德风气和喜好完全与属于作为其基础的那种观念的基本功能相匹配。唯心主义体系仍在培育论说中的凝结物，研究认知的首要条件和人生的最终利益；唯物主义体系仍在强调存在中的凝结物，描述因果关系和自然的习性。因此，各种哲学的精神价值最终依靠最初曾使心灵依附于思维能力的那个习惯和层面的那种善（good）。

　　我们说过，知觉必须在它们可以由于接近而联结在一起之前被再认，因此，诸多短暂扩散的经验的融合必然先于它们融入有形体的那一刻。有人也许会极力反对这种说法，认为具体的东西能

> 论说中的凝结物表达本能的反应。

够在它们的一般特性在论说中得到辨识之前在实践中被再认。再认可能是本能的，也就是说，它可能基于一种感觉得到的反应或情绪的重复，而不是基于对产生同样知觉的以前场景的任何记忆。这种异议似乎有充分的根据，因为正是本能的调整和受暗示影响的行为给予感觉以认知价值，并给予它那种传递力（that transitive force），这种力量使它有意识地表象过去、将来或不在场的东西。如果实践的本能未曾将所与物（what is given）扩展成所意谓物（what is meant），那么理性绝不可能把材料再认为理想客体的摹本。

　　对实情的这种描述势必要应用或发展而不是反驳我们的理论。因为尽管再认是本能的，尽管放肆的行为是由于心不在焉的自信并且在没有看到证明那种行为是正当的那些迹象的情况下做

出的,经验中还是有一种显著的质的凝结。现在的印象如此完全彻底地消失在过去的残余结构中,以至于它们并未唤起任何清晰到足以客体化的观念,而只是刺激内部感觉,仍然被嵌在关于运动或生命的普遍感受之中,而且甚至构成纯粹活力和自由的高尚情

> 发育不全的唯心主义。

操。因为论说中最底级、最模糊不定的凝结物是自我观念、呈包围状的外部存在观念,以及这两者的那种可以感觉得到的连贯;它们就是费希特也许称之为"自我"、"非我"和"生命"的东西。哪里再认不出特定的事件,哪里还有一种连续存在感。我们跟在自己后边,根据自己以往的全部经历,追踪某种既关于我们充满热情的幻想又关于一连串在远方变幻莫测地发挥作用的幻觉的持续性能量和运动感。无知的心灵自以为无所不知,无所不能;它认为,它自身中真正表象其最近所做的梦的惯量和没有用完的动量的那些冲动,就是自然的创造力。

其实,最初的裂纹和最初可以再认的、吸引注意力的庞然大物就是那些含糊的费希特划分(Fichtean divisions);这是逻辑建构的早期萌芽阶段。心灵由于缺乏一种后天获得的经验背景和清晰的记忆,辨认不出任何明确的东西,因而在充斥预言和随意认同的梦幻中踉跄前行。就世界而言,它到目前为止只有出现在幻想中的表面形式,它没有隐秘的机制,没有在其中进行着未被观察到的永恒运作的第三维度。总之,它的唯一词语就是论说中的凝结物、不是由于其惯常的和有效的连接而是由于其审美上和逻辑上的和谐而结合在一起的观念。这种经验的混乱仍然是一种自发的混乱;它没有发现自己非预谋的冲击是可计量的。发生的灾变似乎

只有假想的原因和戏剧性的意义。尽管梦也许有其恐怖之处，而且往往会变成一场噩梦，但它还是具有无限的可塑性和浮力。保留下来的知觉渐渐消失而变成那些萦绕于心头的、友善的存在（presences），因为这些存在作为内心虚构的组成部分和流出物出现，它们具有易于了解的和令人愉悦的特性，按照几乎是婴儿心灵粗野刺耳的韵律演进。

这是唯心主义的仙境，在那里似乎只有不可思议的事情才是理所当然的，纯自然事物的一切迹象都被忽视，因为真正自然的东西似乎仍然是造作的、呆板的和遥远的。新的、令人窘迫的事实不合时宜地闯入故事，这些事实使自发的想象之流冻结，并且因为异己和任性被尽可能长久地拒绝接受。相反，可以作为证据或必然结果附着在往昔存在上的知觉却立刻成了我们认为自己所是的那种东西的结构的组成部分。它们似乎就是具有精神实体的东西，服从生命动量（a vital momentum），出自最深邃的存在原理；它们与人类的推测如此相似，以至被看作是必然真理的显现。因此，几何学的证明，由于其一门心思解释我们称之为空间的、长期固定的观念凝结物，作为某种意义上的熟客和对灵魂中隐含的真理的揭示受到心灵的欢迎，所以柏拉图能够貌似有理地认为它们是对出生以前的智慧的回忆。但是，即使人们期待一枚火箭迸发出绚烂多彩的火花，人们也是急切地期盼并惊奇地观察这一景象；它在不可预料的时刻用个人的新感觉轰击感官。令人兴奋的紧张和强烈的刺激可以以它们的方式令人愉悦，但在事物上则贴上了意外和无意义的标签。这种琐碎的经验很快就会被遗忘。震惊是表面的，如果重复出现，很快就会使人疲劳。我们应该宽慰地退到幽暗寂静处,回到我们永恒而理性的思想。

可悲的自然主义。

一个可能很容易被误解的、值得注意的事实是:尽管生活的一切好处和快乐似乎都与外在事物有关,一切确凿的知识似乎都描述物质规律,但是,一种被神化的自然已大体上促成了一种忧郁的宗教。为什么这种唯一明白易懂的哲学似乎会战胜理性,而为人类谋利益的主要方法似乎会毁灭我们最美好的希望?为什么人们会对一个如此美丽而富有成果的宇宙深恶痛绝呢?尽管自然在人体内外大声疾呼,叫他观看、行动和享受,但对看不见的领域和力量以及说明不了什么的形而上学解释的这种持续不断的探究,又是出于什么原因呢?当某个人抗议这种愚蠢、隐晦的偏见时,他实际上就已经接受了自然的生命和信仰,并教导他人到自然界中去寻找一切动机和约束力,期待因此而使人的生命恢复活力,使它奇迹般地焕发生机;为什么这时这些天真的希望却遭到了如此惨重的失败?为什么我们可以称之为希腊式的那种感官乐观主义,或我们可以称之为美国式的那种工业乐观主义,是这样一种掩饰绝望且又容易识破的伪装?为什么每种乐观主义都化作对最初反思方法的嘲讽?为什么人的良知最后总是反抗自然主义,并以这种或那种形式重新膜拜看不见的东西?

类似于永恒和理想的东西的灵魂。

我们可以用圣保罗[①]的话来回答:因为已见的东西是暂时的,而未见的东西却是永恒的。而且,我们回想一下自己对栖居于心

---

① 圣保罗(Saint Paul,? —67?),犹太人,曾参与迫害基督徒,后成为向非犹太人传教的基督教使徒,《圣经·新约》中《保罗书信》的作者。——译者

灵的东西的分析,还可以加一句:永恒的东西是真正具有人性的东西,它类似于智力最初不可或缺的产物,这些产物源于论说中连续意象的融合,并超越时间中的殊相,它们用永恒的、可再认的东西充实心灵,并使心灵因为综合地、戏剧性地把握它自身和它自己的经验而变得强大。相反,存在中的凝结物主要产生分离的、经验性的统一体,这些统一体虽然有序,但是与心灵无关,虽然清晰,却难以理解。理性不能在这些统一体中准确地吸收使它们在这种秩序和数目中变得真实,即成为它们此时此地的存在。它们的形式和性质,我们可以保留、驯化和编成反思的结构(the texture of reflection),但它们的存在和个性却仍然是时时刻刻需要重新证实的、实际上当我们生活在这个世界上时不断地得到证实或证伪的感觉材料。

我们不无伤感地称之为"这个世界"是有道理的,因为其他的许多世界是可以设想的,而且人们也许会发现,它们原来比迄今为止总是越来越让人感到惊奇的这个怪诞世界更合理、更容易理解、更类似于灵魂。经验材料一被掌握,就为智力所改造,成为那些永恒的存在、那些性质和关系,后者能够单独存活于论说中。那些材料被重新编排成我们称之为历史或科学的抽象概括,或者被拼凑成我们称之为诗歌或宗教的重建与扩展;它们(即那些材料)为我们提供我们想要多少就有多少的梦幻世界的观念,所有这些观念都比知觉经验的实际混沌状态更接近于理性的理想,其中有些则更接近于心中的欲望。因此,当经验主义哲学把我们从不负责任的想象翱翔召回到感官冲击,并试图提醒我们只有在这里我们才接触存在、发现事实时,我们便感到自己的天性被剥夺并束缚在自己的生活中。外部经验所具有的现实性弥补不了它的不稳定性，科学原理的可应用性也弥补不了它们的假设性。我们在考虑存在物的世界时不得不依靠感觉，这再清楚不过地表明我们本质上是软弱无能的凡夫俗子，而逻辑幻想的游戏，虽然它仍然是不可避免的，却因为意识到其自身的无意义而黯然神伤。

于是，逻辑观念及其与道德热情的亲和关系固有的那种尊严，便因逻辑观念与智力和理想化的原始习性相一致而勃发。在高度发展的社会生活中，灵魂，或曰自我、人格，纯粹是热情和关注的中心，它本身是一种观念、一种论说中的凝结物；它在上面漂浮的那个平面通过联想和亲和开始成为更加活跃和宏大的人类兴趣的领

它缺乏经验。

域。位于它之下的快乐被忽视，位于它之上的理想并未被察觉。所以，对经验主义哲学或自然主义哲学的反感表达一种逻辑爱国主义（logical patriotism）和对朴素观念（homespun ideas）的依恋。对于梦想家来说，现实事物过于遥远，而且也太不友善；要想了解它就得学习外语，而梦想家天生的偏见致使其认为，这毫无意义，而且也没有什么诗意。但是实际上自然的语言对人类来说太丰富了；人类被迫使用这种语言时所感到的不适只是表明他缺乏教养。没有什么比唯心主义更廉价的了。我们只需对自己偶尔产生的偏见的愚蠢视而不见，并宣称我们最初听到的韵文是世界上永恒且必要的和声，这种唯心主义就到手了。

自发的柏拉图主义。

思考者的偏见自然对逻辑观念有利。反思者会尽可能地把有效性和现实性只归因于这些观念。柏拉图主义依然是这种思维方式的经典例

子。柏拉图生活在一个修辞学的时代,他所受的教育使他只关注
言辞的、道德的或数学的理想实体,他在论说的凝结物中看到了存
在的真实元素。他猜想,可界定的意义,由于是思维的词语,所以
肯定也是实在的组分。而且,他以在古人看来可以接受的那种率
直大胆的方式(在这方面,毕达哥拉斯学派和爱利亚学派已经树立
了光辉的榜样),创造那些像毕达哥拉斯学派的数那样的论说词
语,来表述绝对而永恒的、先于万物而存在并在万物中显露的实
体,从而将他的模型给予宇宙的创造者,将他的目的给予创造物。
由于某种无法解释的必然原因,创造发生了。理念在无数意象的
流动中自行繁衍;这些意象由于与其原型相似而可以被再认,但由
于其本质上的缺陷而立即被消除。一个事物的理念离不开该事
物,就像语词离不开声音、思想离不开语词一样。

　　然而,柏拉图却保留了其理念的道德上的、有意义的本质,并
且当他使它们成为理想的绝对物,即先于其各种变换的表达方式
的固定意义时,他做梦也没有想到它们

> 它本质上忠于理想。

会是自然的实存(natural existences)或
心理的存在(psychological beings)。对于有独到见解的思想家来
说,对于真正进行思考而不仅仅是争辩的人来说,说某事物是超自
然的、精神的或只能用智力了解的,等于宣称它根本不是事物,不
是实际或可能的存在,而是一种价值、一种思想词语、一种完全是
理想性的原则;而且,人们越是在这种意义上强调它的实在性,人
们就越是坚定地认为它和兽性存在没有可比性。表达这种理想实
在神话(ideal reality myth)是自然的手段;柏拉图能够更加自由
地利用这种手段,因为他继承了一种仍然具有可塑性的、知道自己

诗性本质的宗教,并不一定要像他的现代信徒那样与智者被抑制的幼稚性作斗争,千百年来那些智者已在摇篮中学会了形而上学。因此,他的理念总是理想性的,尽管其自然基础为人们所忽视;它们总是表象意义和功能,从未被从道德领域贬谪到形而下领域(the physical sphere)。与这种真正的理想性相对应的是:该理论曾保持其道德力而未蜕变成迷惘的、偶像崇拜的泛神论。柏拉图认为灵魂的命运就是摆脱那些物质性事物,它们在这种不合逻辑的幻象中与灵魂的本质是那么地格格不入。灵魂在同感觉和偶发事件的世界进行令人困惑和迷茫的交往后,应当返回其理念的天上老家。因为动物性欲望和感性知觉一样虚幻,不过也和感性知觉一样有意义。它们使人类追求善,并通过挫折教人类只是在那些可能是恒久和完美的满足中寻找善。爱也应当像智力一样从现象上升到实在,并栖居在那个使人臻于完善的神圣世界之中。

当一位几何学家宣布并阐释三角形这一由诸多偶然和反复出现的感觉所暗示的客体的性质时,他做了一件好事。当他逮住论说中的某个基本凝结物,并制定第一逻辑原理时,他的贡献虽然不太显著,但却颇为真实。他精通这类定义并沉浸在这种形式的枯燥生活中,可能会以其不负责任的逻辑的自由,无限期地延长和发展它们的含义与适当的外延,通过他的论证揭开不然我们在自己身上永远也发现不了的认知奥秘。但是,如果这位几何学家非常

经验主义的平等权利。

狂热,不让我们以他自己的理想科学以外的方式来思考空间和三角问题,例如,不让我们问我们是如何感知那些三角形或那个空间的,什么器官和感觉协力提供它们的观念,哪些物质性客体显示那种特性,以及

它们怎么会被我们观察到,那么,他肯定会使他的贡献受到明显的损害,而且他在使我们看清某个迷人的景观的同时,往往也使我们看不到其他同样美丽诱人的景观。因为博物学家和心理学家也有他们的权利,他们能告诉我们很值得了解的事物;他们可能也不会提出任何关于空间观念之起源的理论,而空间观念的物质体现则总是否定几何学家的论证。这些论证在其假设的领域里是完全自治、自我生成的,而且只要运用这些论证的原初意象继续在知觉中大量存在,这些论证对经验的适用性就会一直有效。

如果我们明天一觉醒来发现,世界上除了音乐之外别无他物,那么,几何学确实与我们未来的经验无关;但是几何学仍然会保持其理想的说服力,万一有空间客体在感觉中重现,它就会再次成为活的语言。

这种重现的历史——即自然史——同时也是观察和实验的一个好对象。编年史家和批评家总是能用一种与数学和逻辑学中所采用的演绎法互补的方法来处理经验:他能研究定义的起源,描述它与其他各不相干的现象的关系,而不是阐发它的含义。数学家阐发特定观念的含义;心理学家研究它们的起源并且描述它们与其他人类经验的关系。所以,预言家阐发其出神状态的含义,神学家阐发预言的含义:这并不妨碍历史学家稍后出现,并展示那种疯狂智慧的起源、发展和可能产生的作用。确实,神学家通常比几何学家更惧怕批评家,但之所以出现这种情况,只是因为神学家很可能没有严谨而清晰地阐发过他所掌握的事实的含义,而是百般迁就他已经发誓信奉的其他教条,从而歪曲了那种理想的解释,所以当他的方法被揭露时,他完全有理由担心,虔诚的心灵会疏离他,

而他的结论在人性中会没有立足之地。如果他未曾作过这种失实
的陈述，那么对他的建构作出回顾的历史或批评就只能把它推荐
给所有那些在自己身上发现基本宗教事实和宗教才能的人，而那
种建构通过其理想的演绎和扩展对这些基本宗教事实和宗教才能
作了如实的解释。因此，凡是感知到这些事实的人都会知道这些
事实的含义；神学会向灵魂揭示它的自然宗教，就像欧几里得向建
筑师和航海家揭示自然空间的结构，所以，建筑师和航海家之所以
尊重他的论证，不仅是因为这些论证的假设令人信服，而且还因为
它们具有实际的确当性和真理性。

　　当时，柏拉图像欧几里得这位几何学家和坦诚的神学家一样，
阐发道德经验和逻辑经验的含义。就连他的信徒，虽然他们也许
会放任比较狭隘、比较怪异的热情，但也常常揭示隐藏在内心隐晦
意图中的秘密，要是没有他们的课，这些秘密永远也不会公诸于
众。但是，他们以与如此好的哲学基础不相称的热忱，对其余智慧
置之不理，贬低感觉证据，激烈地反对冲动和快乐提供的终极实际
制裁，并且在艺术中排斥美（在艺术中柏拉图主要排斥那种对于卓
越的鉴赏力来说乃是艳俗的丑陋），总而言之，除了他们自己非常
擅长的那项活动之外，他们试图取消一切人类活动。他们的敌对

> 逻辑因其重要性
> 而依赖于事实。

态度遭到了报复，上流社会只是给了他们一
种不信任的赞许，而且它每天都遇到他们所
否定的明显真理，于是就鼓励自己忘却他们
所主张的真理。因为他们有反思的偏见，而人生下来要做的并非
只是反思；他们认为只有逻辑观念才具有真实性和合法性，而人却
发现还有其他的东西不断地闯入他的视野，要求得到人的钟爱，并

操控人的命运。

最合理的理性结构很快就成了纯粹是思辨性的东西,我的意思是说,它很快就超出了实际应用的范围;经常使自己适应模糊而严峻的事实的实务家对更高层次的逻辑失去了敬意,忘记了他对事实本身的再认乃是逻辑原理的运用。他也许年轻时追求过形而上学,这是知性的风流韵事;如今他和常规结了婚,在他称之为"事务"的热情中,或在他称之为"责任"的习惯中,寻找天然幸福(natural happiness)的某种代替物。他不敢质疑自己生活的价值,因为他发现这种质疑并不会增添自己的力量;他认为,等待理性为其航海提供正当理由的水手会老死在港口。确实,理性就像可悲的伊菲革涅亚[①],她的父王——意志——为了使自己船上的帆兜满风不得不将她作为祭品奉献给女神[②]。一切事物皆从"太一"中流溢出来,这种流溢不仅包括"道成肉身"(incarnation),而且还包括逻各斯的"殉道受难"(crucifixion)。理性必定会被它的各种为人们所假想的表达所遮蔽,而且只能在不懂它的黑暗中闪耀。因为理性本质上是假设的和附属的,它永远不可能构成它在人身上所表达的东西,或它在自然中所再认的东西。

并且因其生存而依赖于事实。

如果逻辑拒绝作出这种最初的自我牺牲,拒绝服从于冲动和事实,那么,它就会立刻成为非理性的并丧失证明自己正当的理

---

　　① 伊菲革涅亚(Iphigenia),希腊神话人物,阿伽门农和克吕泰涅斯特拉的女儿。——译者

　　② 女神为阿耳忒弥斯。——译者

由。因为它靠人的冲动而存在，并且存在于对人的需要的回应中。要求一个人在满足形而上学热情的过程中摈弃所有其他的善，就是使他变得狂热，就等于在白天不让他看太阳，以便在星光下看得更清楚。理性主义的根本性过失并不是它在演绎过程中所犯的任何容易发生的错误，尽管这类错误必定大量存在于每个人造的体系。它的重大原罪就在于它否定自己的基础，并决绝占据它在世界上应有的位置；它出于无知而担心会被自己的历史所否定，而且还担心，如果有人暗示自己的祖先，会在某种程度上蒙受耻辱。只有私生子才会担心那种命运，而对于一种"私生子哲学"（a bastard philosophy）——即不是来自实践理性并扎根于生活的哲学——来说，批评确实是致命的。但是，通过对事实的反思而产生的那些理性产物，和能够在经验中得到验证并因此使得事实成为可预测且清晰的那些自发的、可论证的观念体系，根本不会因为发现自己的血统世系而失去光彩。因此，自然观念在心理学分析了它的起源之后仍然是真实的，而且它不但是真实的，还是美的和慈善的。因为，与许多可以忽略不计的思辨幻想产物不同，自然观念由重复出现的知觉编织成一个假设的原因，从这个原因中可以推演出更多的知觉，就像它们被实际体验到一样。

这种曾经被发现的机制不时地自我肯定，并用无数真实的迹象把历史和自然中的每个客体围起来，使它倍加有趣、富有成果，并对心灵产生效力。因此，自然主义者欢迎批评，因为他的结构虽然和唯心主义者的梦想一样都是假设的和思辨的，但却是如此合情合理和富有成果的虚构，以至它们是明显的真。因为真在产生它的那个可理解的层面上，并不是意指可感知的事实，而是意指令人信服的思维能力、得到验证的假设和无法避免且稳扎稳打的推论。如果唯心主义者惧怕并且反对任何关于他自己的出身和功能的理论，那么他只是在听从自我保存的本能；因为他非常清楚地知道他的历史是经不起检验的。他是所有迷信的继承者，也是一位职业辩护士；他的最高天职是通过某种逻辑上的绝技，援救他自己原本会不由自主地视为"神圣的错误"的东西。现在，正如他本能地察觉到的那样，历史和批评必然会把他的学说归约为它们的实用价值，即归约为这些学说对真实生活所具有的理想意义。但是他不喜欢在他的学说中引进相对性，而且因为他说不出讨厌相对性的理由而越发如此；在这里热心就和其他许多情况下一样成为心里有鬼（a bad conscience）的遮掩和证据。于是，在这位先知身上，偏执、诡诈，以及敌人的口头污蔑，开始增强使他屏弃历史和批评的那种关于他兴趣的天然限制，直至他的体系因其极度的不真实和不真诚而变得令人无法忍受，并且引起普遍的反感，正是因为这种反感，他的体系所含有的真理常常和谬误一道湮没无闻。

理性与顺从。　　　　　如果说唯心主义就盘踞在人类理性结构中，那么经验主义则代表斯宾诺莎所说的，必然无限超越人类能力的所有那些外部宇宙的力量。如果说沉思产生科学，那么智慧则靠醒悟来获得，即使关于科学本身也是如此。顺从事实使得科学头脑清醒。只要每当理性的进程使思维模式不适合于其题材时理性都不能制止和重新安排它自己的进程，它只是成长发展到一半，还不能和想象真正区别开来。正像我们所看到的，顺从是理性得以存在的最基本条件；因为如果某种形式的思维综合偶尔得到发展，而它却不会挪用感觉材料，那么这些材料就不可能被记住或完全引入不断增长的和累积的经验之中。感觉不会留下任何念想；而逻辑思维会像心灵寄生虫一样，无所事事地瞎转悠，最终失去活力，衰竭而亡。为了得到养料和被使用，智力必须发展出能够使它吸收它所碰到的食物的那种结构和那些习惯；所以，任何理智习惯的持续性证明它对于感觉的事实（无论多么片面）具有一定的适用性。

> 可应用的思维与
> 澄清了的经验。

这种可应用性，亦即有效思维的先决条件，也是有效思维的最终检验标准；而新经验的聚积，亦即关于越来越多的事实涌入记忆库并要求相互配合的意识，既向理性提出它所存在的合理的问题，同时也证明理性已经在运作。它之所以提出理性存在的问题，是因为理性不是做梦的一种官能，而是生存的一种方法；理性只是在通过直面用理想结构的天赋和对于永恒的善的向往构成人生的那种感觉和冲动之流，尽它自己的职责和如实展现它自己而已。此外，积累事实本身就是要证明理性活动已经被唤醒，因为关于使经验多样化的众多偶然事件的意识，涉及广博的记忆、好的分类方法以及敏锐的感觉，所以，它们一起运作的话，可以收集许多观察资料。记忆及其所有的手段是理性活动的适度体现，而理论和思辨中的理性活动则是在更高的层面上重现。心灵在意象的持久性和丰富性方面的扩张和它在组织方面的发展一样，也是一种认知上的进步。该结构可以在底部被拓宽，也可以朝着其理想的顶点被提升；而且，在大量没有完全被消化的信息仍然留给智力一些事做的同时，该结构则表明智力已经做了多少事情。

理性的功能是辖制经验；显然，为了达到那个目的，向新的印象开放和拥有可以解释新印象的原理同样都是必要的。

第九章　思维为什么是实践的

心灵与身体的
函数关系。

没有什么比动物可能感觉到和思考的东西更自然，或更适合经验的所有类推的了。心灵与身体、理性与自然的关系好像实际上是这样的：当身体达到一定的复杂程度和维持生命所需要的严衡时，身体内部就开始萌生一种一门心思想要保存和繁殖那个身体的感觉。当这种感觉开始反思和表达身体康乐时，它就越来越显示自己的坚持和协调，于是产生理性的生活。自然是理性的基础和主题；理性则是自然的意识；当这种意识产生时，在它看来，理性也是自然的正当理由和目标。

因此，把像心灵和身体、理性和自然这样密切相关的东西分开是一种粗暴的人为割裂，具有判断力的人会本能地质疑任何认可这种人为割裂的哲学。但是，为了避免割裂，最好是首先避免勉强的结合，并且不要把与我们的两个要素——它们必然是终生搭档——各自的性质和职能相矛盾的一些关系归因于这两个要素。这样一来，身体是器具，心灵是身体的功能，亦即身体运作的见证与回馈。心灵是身体的"隐德来希"①，亦即当身体达到一定的完

---

① "隐德来希"（entelechy），古希腊哲学家亚里士多德用语，意即实现了的目的，以及将潜能变为现实的能动本原。——译者

美程度时它所获得的一种价值(身体竟然一直没有意识到这种价值可以说是件憾事);所以,在身体滋养心灵的同时,心灵则使身体变得完美,将身体及其一切自然的关系与冲动提升到精神世界,提升到兴趣和观念的领域。

像自然和生命所揭示的那样,没有任何关系能比这种相互纠缠更加密切的了;但这种关系是自然的,而不是辩证的。这种结合会被改变本性,而且,就哲学本身而言,如果我们试图把这种结合发展成逻辑等价关系,那么这种结合实际上就会被摧毁。如果我们把心灵和身体这两个术语割裂开来,并分别研究它们的内在含义,那么我们永远也不会在研究一个术语的内在含义时发现另一个术语的含义。物质不可能通过其粒子位置的互换而成为我们称之为意识的那种东西,这是一个公认的真理;心灵不可能成为它自己的起因或决定它自己的行程,这本身同样也是明显的,尽管不是所有的哲学家都承认它是一个真理。如果辩证研究物质,那么物质使得意识看起来像是一种多余的、莫名其妙的附加物;如果以同样的方式研究心灵,那么心灵则使自然成为一个令人尴尬的观念,亦即一种臆造的东西,它本应服从意识的目标并完全透明,但它却始终不透明且势不可当。为了避免这些老于世故的做法,只要恢复直接观察并以恰当的术语陈述问题就够了:自然是活的,而知觉则是个人对周围活动的反响和回应。灵魂是身体的兴趣爱好的喉舌;人在关注这些兴趣爱好的过程中给供养他并作为其所有满足的先决条件的世界下定义。他在了解自己起源的过程中赋予自然"母亲"这一意味深长的名号,而自然就以这一名义进入论说的世界。同时,他也觉察到他自己的存在并画出自己内心的梦想区域。

他不应该忘却这些发现。他通过试图给自己的心灵一些自然中的虚假附着点，不但可以丑化自然，而且还可以丑化那种完全是他的生命本质的理性。

> 它们形成一个自然的生命。

因此，意识是身体生命的表达，也是身体生命的一切价值之所在。它在自然界中的位置类似于它自己的理想产物——艺术、宗教或科学——在自然界中的位置；它把各种自然关系转换成综合的、理想的符号，用这些符号并根据意识它自己的兴趣爱好来解释事物。这种表象也是一种存在，它与其他一切存在一道在自然中占有位置。从这种意义上说，它与其器官以及所有影响身体之物或所有被身体影响之物的关系是一种自然的关系。如果"原因"这个词不曾暗示辩证的联结，那么我们可以天真地说，思维是自然原因之链中的一环。至少它是自然事件之链中的一环；因为它在大脑和感官中有明确的前件（antecedents），在行动和言语中有明确的后件（consequents）。但这种相依性和这种功效没有任何逻辑可言；它们是世上常见的搭配，比如闪电和雷声。要是可行的话，更精细地检测心理-生理过程无疑会揭示这些过程中的各种做梦也想不到的复杂事物与和谐事物；刺激与感觉之间的数学动态关系也许能用公式精确地表示出来。但是方程式中使用的那些项，它们的性质和内在习性，也许始终是博物学家通过检测了解了它们之后会不得不使用的材料。从思想中绝不可能用辩证或图表的方法推断出运动，从运动中也绝不可能用辩证或图表的方法推断出思维。其实，任何自然关系都不例外。重力、化学反应、生命和繁殖、时空以及运动，它们本身都不可能通过逻辑推断出来，而且就其限度而

言,也不是仅凭智力就能了解的。现象不得不按照其表面价值被
接受,并且不得不被允许保留一定的经验复杂性;否则一切科学的
种子就会失去繁殖能力,计算也会因为缺乏清晰可辨的有分量元
素而无法进行。

　　自然的习性可以有多好、哪里开始重复、数学处理能渗透到多
深,这些都是自然科学要解决的问题。例如,意识是否伴随呆板单
调的生活乃至一切运动,这个问题只能通过经验的类比来解决。
当在人身上发现思维的精确的物质条件后,我们就可以推断出思
维在宇宙中扩散得有多远,因为思维会与它大概已经被证实拥有
的条件作同等的延伸。现在,我们已经非常粗略地知道这些条件
是什么。它们首先是一种有机体的存在,其次是这种有机体具有
能适应新环境的本能,亦即能够通过经验加以修正的本能。这种
能力就是观察者称之为智力的东西;顺从则是理性之可以观察到
的那一半。当一个动物因受一击而退缩并重新调整自己的姿势
时,我们说它在感觉;当我们看到它在沉思自己的印象并发现它在
默默地聚积潜在的冲动后着手一场新的行动时,我们说它在思考。
相反,当观察既覆盖心理过程又覆盖物理过程时,也就是说,在我
们自己的经验中,我们发现感受到的种种冲动、这些冲动所冲击的
各种假想对象,以及这些冲动所决定的各种价值,都与动物的本能
和外界的印象有关。欲望是身体行动倾向的内在标记,感觉中的
形象大多是周围某种物质性客体的标记,而且我们可以推定,它们
始终是某种大脑变化的标记。大脑似乎像一口徐徐沸腾的大锅,
其中所有各种物质都在不断地改变形态。当这种大脑的重组与外
界境况有关并使人在重新开始行动时更好地支配其世界的时候,

伴随的思维就被说成是"实践的";因为它带来力量的意识和成功的保证。

　　大脑的重组过程当然在很大程度上是假设的。理论暗示它们的存在,而经验只能以间接的、不完美的方式验证那种理论。给一切思考添加物质根基只是一种科学的权宜之计,一种表达如下信念的假设:自然即便不能仔细验证,也可以机械地理解。另一方面,伴随的意识是每个人在他自己身上切身感受到的某种东西;它是原始的、直接的经验的一个部分。它伴随着他的身体和世界的变化,这不是对于他的推断,而是作为论据的事实。但是,当原始经验有所提纯,最初与每一意象混合在一起的灵魂发现它只栖居于自己私密的体内(它的命运与灵魂的命运息息相关)时,我们就开始想象我们对整个宇宙的了解超过对精神的了解;因为在我们自己个人狭小的范围以外,只有事物的物质相(material phase)敞开供我们观察。因此,在宇宙的每一部分和运动中加上精神相(mental phase)被视为一种大胆的幻想。它违反一切经验的类比,因为在原始经验中感觉所伴随的现象不光是物质性的存在,而且还是活性组织和顺从。

将它们分开所需要的技巧。

　　然而,观察所被规定的范围使精神领域与物质领域完全不可能重合,甚至使它们以粗糙的方式互补,所以人类的反思染上了把它们掺杂在一起的习惯。这个世界不是一个活体、一个具有道德功能的自然体系,而似乎是一个可以一分为二的,亦即半物质半精神的混合物、自动装置与幽灵的笨拙联合。就这些相的抽象方面来说,它们最初迫使人类关注它们,所以被视为独立的、可分离的事实。因此,在两个领域都一直很感性很肤浅的经验被允许把这种纯粹的精神事件与那种纯粹的机械事件连接在一起。这种连接确实不是骗人的,因为精神的转换的确是身体变化的标记;只要原因只是被界定为一个标记,精神变化和物质变化确实可以被说成彼此都是对方的原因。不过,一旦这种占卜术试图克服其粗糙的经验主义而建立起现象的法则,精神因素不得不中止有效过程,并且在那里经过精确审查被它被视为确实标示的东西——我指的是某个生理事件——所表象。

要是笛卡尔学派的哲学家像德国先验论者那样认真考虑他们导师的"我思故我在"(*cogito ergo sum*),并且认为物质世界对于认识来说只是阐明感觉及其秩序的工具的话,他们在研究实证科学时就可能预料到自己的形而上学有一半会坍塌:因为如果精神的存在只能站在其假设的因果效应一边,那么任何事物都不可能阻挡整个世界立刻变成一台"愚蠢的机器"(*bête-machine*)。心理事件之间只有通过它们的器官(organs)和对象才能发生联系;实际上,物质世界的作用就是为它们提供这种联系的纽带。另一方面,观念之间的内在联系是辩证的;它们的领域是永恒的,与事件的进展绝不相干。因此,要是我们必须论及心灵与肉体之间的因果关系的话,我们就应当说:物质是心灵传布的普遍性原因,心灵是物质发现和物质价值的普遍性原因。寻找有效的原因、追溯某种力量或调查起因,就是已经转脸面向物质和机械规律:只要成功地那样做了,就意味着唯物主义的胜利。另一方面,寻求辩护就是同样毅然决然地转向已剔除了工具和进一步使用的那种理想的结果和现实。精神是事物的终结,因而是无用的:但它并不是徒劳

的,因为它独自把其他一切事物从虚幻中拯救了出来。精神当它
预示它自己更好的履职时就被称为"实践的";每当各种力量转而
得到妥善使用时,每当某个有机体探究精神的各种关系并伸出新
的触角来把握世界时,情形皆是如此。

> 意识表达生命的
> 平衡与顺从。

我们在开头部分就已经看到,肉体生命
的迫切需要曾使意识得到最初的表达。身
体的业绩,比如滋养和繁殖,在心灵中被当
成节日加以庆祝,而意识则是一种仪式,它通过祈祷、欢庆或哀悼
来隆重纪念身体所经历的重大事件。各种器官通过它们的结构从
世界上若干外在影响中选择对它们来说可以接受的印象,要是动
物有机体学会了以这些印象为食物的话,那么这些印象全都会貌
似真实地为感觉提供根据。每一种本能或习惯冲动从转瞬即逝的
身体感情中进一步选择那些与其自身运作有关并因此附着于它、
修正其反应机制的东西。因此,常有而又显著的感觉是一种信号,
它很可能标志着存在这样一些客体:这些客体对于身体的安康或
履行身体的预定职责来说非常重要。因此,不仅灵魂的目的是身
体诸倾向的副本,而且所有观念都被嫁接到这些有围绕力
(environing forces)的倾向的相互作用上。正像最高概念环绕着
终极成就盘旋一样,早期意象环绕着第一需要盘旋。

从下述这种意义上说,思维在本质上是实践的:要是没有思
维,任何运动都不会成为行为,任何变化都不会成为进步;但是思

> 它的作为原因的无价
> 值和作为表达的价值。

维绝不是工具或奴隶;它是实现了的经
验而不是被使用的力量。人们必须委
托上述使人联想到了善的那种在本性

中自发的东西来进行思维。如果我们公正地看待自己心灵的实际力量,那么我们就会发现:就像关于我们的动机驱使我们行动的原因一样,关于行动的方法和过程我们也不怎么了解。即使践行最简单的意图,我们也得依靠命运:我们自己的行动对于我们来说是个谜。我知道自己是怎么睁开眼睛或怎么下楼的吗? 是意识的那种监管的智慧指导着我的这些行动吗? 是心灵支配着困惑的身体,并且为不能确定自己喜欢什么的身体习惯指点迷津吗? 或者说,难道不是自动的内在机制在做这些不可思议的工作,而心灵则到处捕捉这种运作的某一瞬间,时而愉快地支持,时而无力地反抗吗? 当冲动运转顺利时,我们就说我们在行动;当冲动受阻时,我们则说我们受到影响;但是无论在哪种情况下我们对正在发生的事物的自然史都没有丝毫的理解。心灵充其量也只是含糊地预报行动的结果:当行动正在被旅行时,关于要达到的目的的图式言语感(a schematic verbal sense)可能在意识中盘旋;但这种预感本身就是关于已经存在的过程的感觉,它(这种预感)暴露出正在运转的趋势;它显然不可能给产生它的那种未知的机械过程——该过程必须实现它自己的预言,要是那个预言会实现的话——帮助或指导。

　关于存在着这种未知的机制并且它足以解释各种所谓的"决定"的这个假说,的确远胜于详细的证实,尽管它是通过同关于自然过程的已知之事的合理类比被构想出来的;但心灵不是它自己的来源或转换,此乃当下经验之事;因为世界的存在、规律和事件是无法解释的。科学和道德最大的希望只是想要发现这些规律,并且协调一组事件(感知的事实)与另一组事件(偏好的事实)的关系。这个期待中的问题一旦出现,它必然会在心灵中生发;但心灵不可能是它的起因,因为心灵既不是通过假设拥有它所寻求的观念,也没有力量实现它所渴求的和谐。这些都需要等待,祈求命运的护佑;人的意志若不控制它的基础,无论如何也控制不了它的后果。它的存在和种种努力最多也只具有吉兆的价值。它们显示自然力——就这些自然力体现在某些人身上而言——正朝着哪个方向运动。

人们同世界上其他一切事物一样都是自然能的产物与运载工具,而且他们的运作很重要。但他们

> 思维的行程是自动的,因此与事件有牵连。

的自觉意志,就其道德武断性而言,只是那种能量和那种意志的最终命运的一个符号罢了。戏剧性的恐惧幽默均有赖于热情的天然意蕴与热情的自觉意图的对照。人生中的一切都是预兆性的,即便是自愿的行为也一样。我们不可能通过思考增高自己的身材,但我们可以无意间建立一个世界。人既软弱无能,同时又充满潜力。表象诸多活跃力量并善于预测的意志,可以长期吹嘘自己是全能的,且与事件无抵牾。

思维并不是自我指导的,这一点在最不具有物质属性的过程中体现得最为显著。当人们与外界力量发生冲突时,由于对深层自我的无知,他们把自己行为的明显效果归因于自己偶然的想法;但是,当这种过程完全是内在的时,真实因素就更加平稳地再现于意识之中,而生命之奇妙得不可思议的、非自愿的性质则更多地为人所觉察。此刻,在不知是何种机制的指导下,我的手在这张纸上写着一个又一个的音节,直到可能大体上实现我感觉中的意图,不

过,我的手赋予那个意图的发音完全是意料之外的,并且常常令人失望。要表达的思想不完全有意识地在我的脑海中徐徐沸腾。我感觉到它们的负担与趋势,但却看不到它的形状,直到因阅读前文或偶然产生新的想法而被启动的那种冲动联想之机械系(the mechanical train)点燃导火索,使语速加快。如果这种情况发生于最富反思性、最为深思熟虑的活动(比如写作),那么它更多地发生于建设性的行为。"掷出的骰子收不回"[①],恺撒在觉得自己有一个既无法查点也无法权衡其诸

> 行为之好沉思的本质。

多原因的决定时曾经这样说;而且每个坚强而清晰的理智,亦即每个健全的性格,也都会这样说,同时它会以理解的本能把握自己的目的和达到这些目的所采用的手段。只有那种其意志无所表示的傻子才会吹嘘自己创造了它。

因此,无论是为了发现自然冲动未曾暗示的目的,还是为了发现为达到这些非理性目的而采取的手段,我们都不应该在任何假想的力量中寻找思维的功能。就上述这两个方面[②]而言,注意力根本无法改变或创造它的对象;确切点说,它只是毫无惊奇地记录——因为它并不特别期待什么——并热切地注视在活的心灵中冒泡的意象和在那里演化的过程。这些过程本身充满了力量和希望;意志与反思和其他任何受与世界其余部分的自然联系制约的过程一样重要。即便极微小的机制也足以标示包括心灵在内的自

---

① "The die is cast."这是一句谚语,意即:事已定局,无法挽回,或木已成舟。——译者

② 即"为了发现自然冲动未曾暗示的目的"和"为了发现为达到这些非理性目的而采取的手段"。——译者

然万物的连结,它不可能剥夺它从自己的自然重力和现实性中抽象出来的东西:一根线足以将珍珠穿在一起,但它并不是产生项链的全部原因。不过,思维关于其自然环境的这种意蕴和内涵纯粹是经验性的。因为自然联系只是一种用来描述和推断事物的接近物的排列原则,所以将意识及其所有作品纳入自然网络是没有任何困难的。每一个精神插曲都会有预示其来临的物质前导;它的变化会受机械规律的支配,这种规律也会支配思维进一步转化成其物质表现形式的过程。

> 外在于思维本质的机械效应。

然而,将心灵纳入自然的这种做法,就是尽可能不在道德和理性的意义上建构心灵的功能、价值或效应。做好了物质变化的准备并不能赋予心灵以任何合理性,除非这些变化反过来为某种更好的心灵存在铺平了道路。因此,自然效应的价值总是被推论出来的;心灵的功用(utility)同物质的功用一样并不珍贵;二者的所有价值全都借自于它们在引入那些内在的、自给自足的道德标准时根据经验所扮演的那个角色。思维就其是工具性的而言,除了它许诺的东西之外,并不比物质更值得拥有;最终它肯定会成为某种确实有用的、终极性的东西,由于它本身是善的,所以它可以使一切导向它的东西产生价值。但是,这种终极性的善本身就是意识、思维、理性活动;所以,如果物质足以维持理性的存在,那么以前也许处于工具性心理之后的东西可能会被废除而无任何损失;或者说,如果那种工具性心理是值得保留的话,那只是因为它已经含有某种关于它自己的实现的预感和意象。总之,思维的价值是理想性的。可以归因于思维的物质效应是物质的固有效

应——如果我们对它的秘密机制有足够的了解，物质肯定会声称
自己具有这种效应。而当从观念中除去那种被归因的、不合适的
功用时，这些观念就会以其表达、实现、终极成果的正当形式出现。

　　如果我们转而讨论一下先验层面，从另外一个角度来看，使思
维在其道德和逻辑的本质上成为一种自然界工具似乎是不合适的。

先验的意识。

因为物质世界是思维的对象，并且潜在地与直
接经验有关，所以它几乎不可能与向它显现的
思维处于同一个实在的层面。尽管脚灯这一边的观众确实被戏剧
看作是一个统一体，但他不能指望出现在戏剧的机械装置上，或不
能指望看到他自己在舞台上趾高气扬地行走于演员们中间。他聆
听演出并享受服务，既无能为力但又至高无上。有句话说得好：

　　　只有自由者才能发现法则，

　　　只有无原因者才知道原因。

相反，这种先验意义上的无原因且自由者显然不会是由某种原因
引起的或决定性的，它完全是某种普遍的、观念性的东西，没有内
在的决断力或特殊的亲和力。意识里出现的东西往往有含义且需
要原因；而意识本身则不然。一切事物，无论是它们的形式还是它
们的历史，都平等地向自我（ego）显现；这种自我是偶然发生的无的
基础：世界上没有任何特性或秩序可以归因于这种自我的效应。经
验的进程并不仅仅为经验存在这一事实所决定。另一种不一样的
逻辑经验可能同样也是真实的。因为意识没有躯壳、个性或特殊的
所在，所以它本身无法能动地成为各种明确关系的源头。它只是一

种用来描述其随机对象之现实的抽象名称。所有的力量、含义或方向均为具体东西的构造所固有,并都栖居于这些具体东西的相互作用中。和自然一样,逻辑也被向思维展现,甚至我们称之为发明或幻想的那种东西也不是产生于思维本身,而是来自在原始混沌中漂浮和滋生的那种星云状东西的偶然能育性(the chance fertility)。在自然秩序出错(如果它会出错的话)的地方,心灵、意志或理性绝不可能插进来填补这个裂隙——因为这些东西是自然秩序的部分与表达——只有虚无和纯粹的机遇才能插进来填补这个裂隙。

因此,就像意志是自然亲和力的一种表达一样,思维是自然关系的一种表达;不过,关于某个客体价值的意识,虽然它表现出盲目追求该客体的意向,却构成它的全部价值。除非涉及痛苦和满足,否则冲动和它的实行就会同样无足轻重。世界曾变得多混乱或多有序、世界上哪种动物体曾产生或灭绝,这些都完全无关紧要;自然中任何活动着的倾向,不管它们也许建构或毁灭了什么,都不会导致进步或灾难,因为不会有什么择优标准来断言事物的

某种最终状态比另一种最终状态更好。如果只

> 超验的意识。

考虑动态的秩序,这些择优标准本身就是额外工作的成果,就像赫拉克勒斯[①]的雕像,它们表现力量而不产生力量;但这种择优的原则,它们所表现并依赖的力量,是因果过程中包含的某种机械冲动本身。表达赋予力量以价值;要是赫拉克勒斯的膂力对艺术和文明没有什么贡献的话,那么它就乏善可陈了。如果我们称之为物质的那种构想出来的一切生命之基础实际上并

① 赫拉克勒斯(Hercules),希腊民间英雄,希腊神话中的大力士。——译者

未导致生命和意识,那么它只是一种潜在的可能,一种推论出来的、被剥夺了功能的工具。给予物质世界在人类论说中的合法地位和永久相关性的,乃是它所支持并且朝它自己的方向运载——有如轮船运载它的乘客,或者更确切地说,有如热情运载它的希望——的有意识的生命。意识的兴趣首先证明它们所表达的机制是正当的并且从道德上解释这些机制。尽管最终满意的形式和可能性必然取决于动物的倾向,但它们却仅凭自己的力量使这些倾向成为善的载体。利益应当存在于其中的方向必然取决于非理性的冲动,但利益的获得却在于使这一冲动取得理想的成就。自然告诉人们应当寻求什么并鼓励人们去寻求它;因而就产生了幸福的可能,而且只有幸福的实现才能证明自然和人的共同冒险是正确的。

> 它是价值之所在。

满足是价值的试金石;若不谈满足,一切关于善恶、进步或衰退的讨论都只是胡扯,纯粹的诡辩,善于玩弄辞藻的人巧妙地用这种诡辩术转移人们的注意力,使他们不再关注创造奇迹的东西——即,他所玩弄的那些辞藻所具有的任何效应都所仰仗的那种人性与道德的色彩。形而上学家们有时如此给善下定义,以致使它成为无足轻重的东西;他们往往将那个名称授予所有恶的总和。一种在脱离一切社会需要和一切可能的满足的意义上是绝对的好(a good),会尽可能地远离善(goodness):称之为好,纯粹是由某种荒诞或辩证的热情引起的对道德的不忠。在优秀中有一种本质的偏见,一种与可能的对立面的对抗;这种偏见表达一种机械的冲动,一种触动了感觉和意志的情境。冲动使价值成为可能;而且当冲动导致使其得到满足并具有意识价值(conscious worth)的那些过程时,价值(the value)就成了现实的东西。性格是幸福的基础,而幸福则是性格的认可。①

　　思维是自然的伴随表达或隐德来希,而绝不是它的一种工具,这一真理很早以前就被更加睿智的思想家们——比如说亚里士多德、斯宾诺莎——所发现;但它并没有得到过普遍的承认乃至考虑。它受阻于肤浅的经验主义,后者径直把人们对事件比较熟悉的方面联系在一起,而不考虑什么样的机械纽带可以隐秘地将它们连接起来;它还受阻于传统的神话理想主义,因为这种哲学热衷于证明自然是某种隐秘的非自然事物的表达,并且还一味坚持"理想和终极的善是创造性的神奇力量"这一致命的错误观念,而没有觉察到它因此使善和理想变得完全没有意义;因为不管在什么情况下,任何已经不被某个现存的自然所指向的事物怎么能够是善呢? 因此,在结束关于问题的这一方面的探讨之前,细想一下可能会使我们提出的"理想是理想的"、"自然是自然的"这些说法听起来像是废话的一两种偏见,也许是值得的。

　　痛苦的表面功用。

　　在所有各种意识中,痛苦显然是最有用的,它也是最沉浸在物质中的、与理想和

_____

　　① 阿里斯提普斯(Aristippus)问苏格拉底,"是不是知道什么东西是好的,其用意是,如果苏格拉底说像饮食、金钱、健康、膂力、勇武之类是好的话,他就马上可以证明,这些东西有时是一种恶。但是,苏格拉底非常清楚地知道,当有什么东西引起我们的痛苦的时候,我们总需要用一些东西来制止它,因而他以最恰当的方式回答道:你是问我,什么东西对热病是好的吗? 阿里斯提普斯回答:'啊,不是。''那么,什么东西对眼睛发炎是好的吗?''也不是。''对饥饿是好的吗?''也不是对饥饿是好的。'苏格拉底说道:'那么好,如果你问我是否知道一种对任何东西都是无效的好,那么,我只好说,不知道,而且也不想知道。'"(色诺芬:《回忆苏格拉底》,第三卷第8章)

优秀最为对立的一种意识。痛苦的功用在于它发出如下警告：我们在试图避免痛苦的过程中避免毁灭。我们渴望避免痛苦，那是毫无疑问的；它确切的定义几乎不可能超出下面这句话的意思：痛苦是我们因为其本性而试图屏除的那种情感因素。不过，认为这种欲望应当知道如何开始补救行动的那种观点，是一种与经验相反的看法，而且它本身也是不可思议的。如果痛苦能够治好我们，我们早就得救了。痛苦最厉害的精髓是它的无助性，而且我们无法屏除它。我们感到正在向我们逼近的、愈演愈烈的、遥遥无期的那些折磨，是最难以忍受的。在极度的痛苦中如此显著的这种使人受挫的特性存在于一切痛苦中，而且也许就是痛苦的本质。如果我们试图用迂回婉转的话语来描述那种当然是原初感觉的东西，我们最好是这样说：痛苦是一种强烈而又空洞的意识，它关注没有特性的事物，并且攫取一切满足而不提供任何东西作为交换。痛苦的可怕之处就在于其令人难以忍受的强烈和漫长乏味。因此，痛苦或者能够通过睡眠，或者能够通过娱乐而得到治疗。它自身没有应对办法；它的暴力完全无效，它的空洞也提供不了也许能使它得到缓解和宽慰的权宜之计。

> 它的真正无能。

　　痛苦不仅自身无能为力，而且也标志着受苦者的无能为力。它的出现非但不构成对它自身的治疗，相反和其他一切受惯性定律支配的有机现象一样，并只趋向于它自身的延续。一个人对他人的憎恨无助于使他们变好，同样，他对他自己状况的憎恨也无助于使它好起来。如果我们允许自己在效应的这种情况下讲话，那么我们就会说，痛苦用各种方法使自己不朽和增殖，它时而削弱身体组织,时而引发狂暴的努力,时而通过同情或复仇的感染和蔓延传染给他人。但事实上,它只是暴露出一种或多或少具有天然稳定性的失调而已。它也许只是瞬间的;由于缺乏平衡,它可以引起自己某一因素的即刻消逝。假使那样的话,我们令人惊讶地说,痛苦本能地去除了它自己的原因。在此,痛苦显然是有用的,因为它表达了机体的自我保存力量足以消除的那种初始紧张。因此,痛苦的出现是其即刻消失的预兆;其实,这并不是因为它的内在本质或任何它能启动的艺术,而是因为它的原因与它的治疗方法之间的机械联系。被火烫过的孩子怕火,而且,由于只看自己生命的表面,他自以为曾经感受到并且还记得的痛苦是他新近谨慎处事的原因。不过,惩罚并不总是有效的,每一个试图用棍棒管教孩子或治理城邦的人都知道这一点;苦难并不带来智慧,甚至不会产生记忆,除非智力和顺从已然存在;也就是说,除非痛苦所暴露的那种摩擦足以在冲突中永久平息诸多冲动中的一个冲动。真正的改善取决于这种重新调整,它独自使"经验"成为有用的东西;这种重新调整与所忍受的痛苦的烈度或频次并不相符,它倒是符合机体的可塑性,所以就不再产生痛苦的冲突。

有关预先形成。　　　　有征兆的毁灭并不导致痛苦,除非当时那种有征兆的毁灭正在受到抵抗;因此,痛苦应该引起的反应必定在痛苦能被感受到之前就已经在产生。没有方向的意志不可能被挫败;因此,抵制不可能是任何努力或理想的原始来源。确定的冲动必须已经存在,这样这种冲动的抑制才能发生,或者说,痛苦——亦即那种抑制的标志——才能出现。原先,当孩子被火烫着时,有种冲动能使他把手缩回来,此后他对火的畏惧标志那种冲动的加速；假如他当时并没有预先缩回，他就不会回忆那种痛苦，也不会知道自己怕什么。此时，视觉足以唤醒那种最初需要触觉来产生的反应；意志拉长了它的战线并向更远处派出了它的侦察兵；而痛苦则被赶回精神的边远地区。互相冲突的反应现在是边缘的、微弱的；与灼伤曾引起的痛苦相比，厌恶引起的痛苦算不了什么。如果对火的这种厌恶也像许多厌恶一样是与生俱来的，那么就不会产生任何痛苦，因为不会出现任何极度不适应。受制于恐惧的这种残存的吸引力，是大脑——亦即互相冲突的反应之所在——中以往混乱状态的残余。

　　说这种冲突是它自己流出物的指南，乃是信口开河。冲突是组织不当或某个有机体不适应使其难受的各种刺激的标志。冲突

〔它的不寻常的意义。〕

过后的重建，当它真的随后出现时，当然是一种新的、更好的适应；因此，引起痛苦的可能常常是一种训练过程，这种训练是将反应引入新的、更加顺畅的渠道。但是，不管是否正在达到永久的适应，痛苦总是存在的。存在于渐进的衰竭和无望且耗竭精力的挣扎中的痛苦，远多于存在于教育和有益的矫正中的痛苦。牙痛、晕船、分娩时的阵痛和忧郁，不是有用的毛病。越是剧烈的痛苦可能越是没用。它只有在消失时才成为进步的标志；它出现时是失败的预兆，就像疾病是死亡的预兆一样，尽管对于那些已经得病的人来说，医药和疗养可以成为康复的方法。当人的本性发生错乱，人的本能放纵不羁时，苦难可能标志着一种危险的和平（在这种和平中，冲动曾不知不觉地把人领入无后之路）正在让位于可靠的和平（在这种和平中，人的重建的性格可以顺畅地回应世界，并且使人能逐渐获得更

加清晰的经验,享受更加纯粹的活力。)因此,痛苦的功用只是表面上的,而且是由于经验急于核对没有正常内在联系的事件而产生的;甚至痛苦所具有的这种估算的功用也只是与需要它的那些人的无足轻重性(the worthlessness)相称。

完善的功能并非无意识。

另一种也许值得注意的流行偏见认为,器官当它的功能完善时是无意识的,因此,如果适应是完全彻底的话,生命就会消失。任何机械艺术的那种训练有素的常规动作逐渐变成习惯,习惯又逐渐变成无意识的操作。艺术鉴赏家并未意识到他是如何操作仪器的;当初有意识的工作最终成了本能和奇迹。因此,消除摩擦和困难也许似乎会消除意识,从而使价值在这个世界上消失。这样,生命就会陷入矛盾,道德努力就会陷入荒谬;这是因为,尽管实践始终以完善为目的,劳动始终以舒适为目的,除非是指这些目的的达到,否则二者皆无意义或标准,但是这种达到——假如这是真实的话——是没有价值的,所以,独自证明努力是值得的东西也许缺乏正当的理由,而且实际上大概也不可能存在。好的音乐家必然会力求演奏得完美,但是,哎呀,我们听说,假如他成功的话,他就会变成一台自动机。好人必然会渴望神圣,但是,哎呀,假如他达到了神圣,他的道德生活也就消散了。

不过,这些传奇剧似的预言不一定使我们担忧。它们只是以修辞学和对任何真正的善的些许忠诚为根据。当我们的功能达到完善时,我们便丧失媒介的意识,更清楚地意识到结果。眼睛在履行自己的职责时并不报告它自己的情况,而且对肌肉的紧张或疲劳也没有任何感觉;但它却提供所见客体更加鲜亮、更加稳定的图像。意识当它成为关注的焦点时并未消失，而视力劳动在它取得成果时却被终止了。所以，假如音乐家能演奏得如此出神入化，以至意识不到自己的身体、自己演奏的乐器，甚至意识不到时间的流逝的话，他也许只是比较专心于和谐，比较圆满地掌控和谐的一致和美而已。在那种时刻，身体的长时间劳动终于产生灵魂。生命最初只是某种局部的自然和谐，这种和谐提高嗓门证明它自己的存在；完善那种和谐就是加强那种生命并使之圆满。这是力量、快乐和智力的真正奥秘。不懂得这一点就是一无所知地度过了一生。

这种类比一直延伸到道德领域，在那里，目的达到后手段也可以有益地被忘却。劳动所指向的那种闲适和德行能够达到的那种完美远非冷漠无情，它们是纯粹活动的状态，其他行动由于含有这种状态而被从完全消极和无意识状态中解救出来。不纯的情感在两个极端之间变化：绝对匮乏和完全满足。前者在极度悲恸、疯狂或临终时的痛苦中达到极限，这时矛盾中的不测事物流达到了顶点或消失点，所以，矛盾和流本身通过分裂而消失。这种情感表示内心的烦乱，以及各种趋向于解体的反射行为之间绝望的冲突。完全满足在沉思中达到极限，这时任何事物都被喜爱、理解或享受。那时正是综合力量最强大的时候；心灵能够审视自己的经验并使它所暗示的一切运动相互关联。心灵中的力量正好与表象范围成比例，表象范围正好与理性活动成比例。对万物真实秩序和价值的稳定看法是功能完善的结果，而且也是功能完善的标志；功能完善确保思想上最大限度的清晰以及行动上最大限度的果断、明智和轻松，就像闪电是耀眼而迅疾的一样。就人的能力有用而

言,它还确保自己的永恒,因为里里外外被调整得完美无缺的东西
经久耐用。

早期伦理学。 对听到宏大的作业现场的嘈杂声但却想不
出那种不祥之乱的原因和结果的那些心灵来
说,混淆手段与目的,错把无序当作活力,是很自然的事情。这种
混沌的生命中的一切功能似乎都是工具性的。于是人们设想,不
再管用的东西不可能有价值,不犯迷糊的人不可能有情感和生命。
实现理想似乎就是摧毁其价值。那种低档次的道德生活只是一种
怪诞的游戏,仁爱慷慨的兴趣未曾进入过它的视野。野蛮人的紧
张缺乏严肃,野蛮人的热情没有快乐。他的哲学打算颂扬一切经
验,容忍一切邪恶,这种哲学实际上是一种可悲的无知的表现。它
暴露出这样一种不成熟的冲动:别人一招手就跟随前往,想当然地
认为任何冒险和魅力绝不可能是不值得称扬的。如果一个人从未
看到过任何值得一看的东西,也从来没有爱过任何值得爱的东西,
那么他的这种态度是可以理解的。不成熟顶多是不承认意志与幸
福有界限。然而,当这种界限被逐渐发现,权威的理想从人性与经
验的结合中产生时,幸福就成为既明确又能够得到的东西;这是因
为,对于一个具有富于成果和可以理解的结构的世界来说,调整是
可能的。

在没有传统的时代可能很容易出现这种不连贯,它们可以得
到迷信的保护和培养。长期奴隶般的工作和对非理性社会的屈从
甚至可以使人们无法想象自由的生活。他们可能会开始认为自己
的幸福与自己的苦难再也不能分离,并且担心幸福世界的——像

他们所认为的那样——巨大空虚。他们像西庸的囚徒①一样，在经历如此漫长的监禁生活之后，也会叹一口气，重新获得自由。然而，自然的那些有益于身心健康的影响会很快使他们被非自然压迫扭曲的意志重新活跃起来，他们一旦呼吸到比较新鲜的空气，完美的景象就会在他们的心中油然而生。自由和完美就是生活。他们带来这样一种和平：

> 它的名字还有：着迷、力量、
>
> 慧眼和爱；因为这些都是和平的组成部分。

> 思想是存在的
> "隐德来希"。

思想属于终极成果的领域。确实，有什么能比认为意识——它是自我揭示的，而且在超验的意义上是原始的——应当成为其自身存在的理由，并且应当包含其自身全部价值以及其他一切事物的全部价值的这种看法更合适的呢？有什么能比认为观念的全部价值都应当是理想的这种观点更恰当的呢？使观念成为工具性的东西就是糟蹋那种由于其是自存的所以应当自我辩解的东西。因为在意识中整个宇宙随时被单独揭示，所以，意识所具有的那种持续的绝对性应当使任何激进和内省的哲学家相信：所有价值在那里都会不断地得到整合和实现，在这个地方所有力量每时每刻都在聚集。思想是一种实现；它的功能是使它的原因具有效用，使在思想

---

① 西庸（Chillon）是一座雄伟的中世纪水上城堡，位于瑞士蒙特勒附近的韦托镇，四周环绕着美丽的日内瓦湖与雄伟的阿尔卑斯山脉。它曾经吸引了大仲马、雨果等许多诗人、作家和画家，尤其是拜伦写的《西庸的囚徒》让蒙特勒名扬天下。——译者

中发现自己终极表达的那些构想出来的、隐秘的过程成为现实的
过程。思想是表象了的自然；它是产生生命并成为实际现象的
潜能。

不过,意识的条件并不是它的唯一主题。由于意识和动态的

它的茂盛。
世界有一种先验的关系(因为它是现实的、精神性
的,而动态的东西则是潜在的、物质性的),因而它
可能会很茂盛,不负责任地疯长。尽管它的元素就分配和派生而
言源于物质,就像音乐源于震动一样,但是就特性而言,这个结果
可能完全是多余的。道地的音乐家往往只是略微关注音乐的基
础、技巧、心理或历史。他在向自己的心灵描述自己艺术的原因之
前,早就已经开始练习和欣赏自己的艺术了。所以,感觉和想象、
激情和理性可以使滋生它们的土壤变得肥沃,并在上面覆以鲜花
的迷魂阵。

因此,意识的主题远不止是构成意识基础的物质世界,尽管这
也是它的一个主题;物质世界在想象中能覆以各种表达与修饰,思
想在这些表达与修饰中一样感到自在。人们通过发掘经验的原因
来设想物质世界;它是事物的有效结构和骨架。这就是科学追溯
和计算的主题。自然科学所揭示的力量当然并未奉命产生可能只
是描述它们的心灵。除了被定义之外,力量还有其他许多表现方
式;它可以被感觉、抵抗、体现、转化或象征。力量发挥着作用;它
们像数学概念一样,并没有在描述方面被耗尽。在那里,还是从那
种也许在力学公式中是可以描述的物质中,流出各种各样看得见、
听得到、可以想象并且被热情地珍视的形式与和谐。理想世界的

每一个阶段皆来自自然世界,它①通过自己对自然存在的兴趣大声宣告自己的起源,并且对自然存在作出合理的解释。在科学被添加来以一种不同的抽象表象自然所包含的机制以前,感觉、艺术、宗教、社会早就用符号淋漓尽致地表达了自然。

———————————

① 即理想世界的每一个阶段。——译者

第十章　反思中的价值尺度

置价值于快乐与痛苦中,把一定数量的痛苦看作是跟一定数量的快乐相抵,就是把一种值得澄清的意图带到实践伦理学,而且也是那些坚持相反的意见、喜欢教化(edification)甚于喜欢真理的道德家不一定具有的一种无庸置疑的、更加可贵的诚实。因为尽管有种种逻辑和心理上的顾虑,不设法用所获得的满足和所避免的痛苦来证明自己是正当的那种行为,根本不会证明自己是正当的。如果你发现最本能、最不可避免的欲望的最终目的是要使受苦占优势,那么这种欲望立刻就会变得冷酷;抑制这种欲望的不是恐惧或虚弱,而是以最明确、最神圣的形式出现的良心。谁不会羞于承认或羞于推荐一种如此无人性的行为?

悲伤的经验可以使根深蒂固的冲动发生转变,甚至可以将它消除。这很好理解:因为痛苦的观念已经是某种阻碍的标志和起始。想象失败就是对感受到的抑制进行理想的解释。要不是刚开始的运动已经遇到刚开始的抑制,预言制止是不可能的。这种预言一旦被强化,它就会成为它自己的应验,并完全抑制相反的趋势。因此,预见到痛苦是行为的最终结果的心灵,由于它的预见是一种已经出现的畏缩的意识摹本(the conscious transcript),不可能继续无节制地行动。相反,完全听任任何冲动摆布的心灵必定会认为,它的做法是怡人的。因此,非常明智和非常有代表性的意志,总是只瞄准那种就其被达到的状态而言能够继续被瞄准和认可的东西;换句话说,它的目的是要确保最终能得到最大的满足。

然而,虽然一切审慎的预测和决断都含有痛

必要的限定性条件。

苦和快乐,痛苦和快乐并不是价值的根本源泉。正确的心理和逻辑不可能承认可能产生的、严格说来见不得人的情感能决定任何行为或决断,但必定会坚持认为,相反,对于未来经验的信仰,以及关于其情绪特性的所有预感,都建立在实际的冲动和情感的基础上;所以,价值的源泉只是生命和想象的内在根源,追求的对象只是理想客体,当下需求的对应物。抽象的满足并不为人们所追求,但如果意志和环境恒定不变的话,人们必然会在得到欲求对象时感到满足。因此,摈弃快乐主义心理学绝不牵涉到与伦理学中的幸福论的任何对立。幸福论又叫智慧:没有其他道德的道德观(*moral* morality)。任何一个体系,如果它由于某种邪恶的原因而使自己对一切生物都不抱善意,并且设法以荼毒生灵为己任,那么这个体系显然背叛了理性、人性和正义。假使那样的话,就不难指出什么样的迷信、奇怪的强迫观念或私下暴怒使这些人在如此简单明了的事情上无视谨慎和仁慈。幸福是生活中维护道德的唯一约束力;在缺乏幸福的地方,存在仍是一场疯狂而又可悲的实验。不过,"幸福应当存在于什么之中,它一旦产生会是什么模样"这个问题只能参照自然需求和自然能力来确定;所以,尽管单是达到目的的满足就能证明他们的追求是正当的,但这种追求本身必须首先存在,并且是自发的,从而确定奋斗的目标并区分各种有可能感到满足的状态。因此,自然的性情就是爱好原则并使道德和幸福成为可能。

> 意志必须作
> 出判断。

和所有的标准一样,价值的标准也必然是一。快乐和痛苦不但无限多样,而且即使被归纳为总量和抽象对立,它们也仍然是二。它们的价值必然会被比较,而且任何一方都显然不可能是判断对方的标准。不管已经作出的判断会是什么,这种标准是那种判断所包含的一种理想。因此,当彼特拉克①说千乐不及一苦时,他树立了一种比苦乐更深刻的价值理想,这种理想使得被一次痛苦所伤害的满意人生成为他的灵魂所厌恶和恐惧的东西。如果我们对合理性的需求不那么急切,对意志的各种各样肯定把我们连同喂养得很好的冷漠一起带到我们心中某一种悲剧,那么我们可能会坚称,一次痛苦只是一千次快乐的千分之一,如此平衡的生活比什么都没有要好九百九十九倍。这个判断虽然摆出一副精算的架势,但它实际上和彼特拉克一样表达一种非理性的选择。它的意思只不过是:其实,向我们呈现的混杂景象吸引着我们的意志,而且是强烈地吸引着我们的意志。所以,评估苦乐相对价值的那个唯一可能的标准就是在苦乐或苦乐的结合中进行选择的意志;除了苦乐表达的身体激烈行为之外,苦乐的强烈程度也只能用它们在被表象时所具有的控制意志活动的力量这个标准来判断。

---

① 彼特拉克(Petrarch,1304—1374),意大利诗人,欧洲人文主义运动主要代表。——译者

表象中固有
的不公正。

　　在此，我们遇到了世界上的那些最初不合理
事物之一种，而各种理论因为试图发现事物中的
合理性，所以有忽略那些最初不合理事物的极大
危险。在评估任何一种经验的价值的过程中，我们的努力，我们的
意图，就是衡量那种经验在其实际存在时所具有的价值。但是，衡
量意味着比较，而比较则意味着表象，因为实际经验的先验隔离和
自给自足使它难以同别的材料并存，就像一个意识中给定的两个
对象那样。要对连续值进行比较，那么连续值就得被表象；但表象
的条件很高，它们就剥夺客体最初出现时所具有的价值，换之以客
体重视时所具有的价值。因为表象只是通过反映意识的对象来反
映意识，而对这些对象的情绪反应则无法被直接表象，不过可以用
间接的方法，通过意志与意志之间、情绪与情绪之间的仿效或同化
来加以处理。只有借助诸如手势和语言这种符号工具，我们才能
使自己在某种程度上复制缺席的经验，并对它的绝对价值有一些
预感。除了非常复杂的、累积的相反暗示之外，我们还应当始终把
所有其他经验中的事件的意象在我们自己身上当时所具有价值归
因于那种事件。但假如那样的话，就会出现情感的谬误；因为一个
生命场合中对观念的意志反应并不标示另一个生命场合中对那个
观念所表象的情景的意志反应会是什么样。

审美的和思辨
的残酷性。

　　这个分歧歪曲一切生命表象，使它成为最
初是残酷的、情绪化的和神话般的东西。我们
不喜欢践踏花朵，因为它的样子造成一种我们
称之为美的那种东西在我们自己的幻想中绽放的景象；但我们对
自己小时候所忍受的痛苦一笑置之，也不会由于我们视线之外全

人类不可估量的苦难而战栗,因为没有任何可模仿的意象专心一意地在我们自己的心中引发一种悔悟的激动。同样的残酷性也出现在审美享受、淫欲、战争和野心中;出现在欲望和记忆的幻觉中;普遍出现在一种理论的冷漠无情性中,这种理论认为,因果的统一和规律的美妙可以证明所描述的经验的固有之恶是正当的;最后,还出现在神秘乐观主义的不公正评判中,这种神秘乐观主义完全沉浸在自己的主观骚动之中,以致把中止所有辨别的和表象的官能误认为是事物的真正统一,并且错把它自己狂喜的污点当作普遍的荣耀。这些快乐都停留在感官层面上,亦即轻浮和非故意作恶的层面上;但它们在自己的领域里有自己的价值。审美的和思辨的情绪对存在的总价值作出重要的贡献,但它们并未祛除自己带着这种无情的满足所反思的那种经验的恶。这种满足应当归因于淹没幻想中的意象的个人情绪波澜,或者应当归因于一种新的智力功能的运用,比如抽象、综合或比较的运用。这种官能一旦得到充分的发展,就能产生与被错误地假定为更有生命力的基本动物功能所特有的同样大的快乐。实际上,生命力的顶峰是最综合、最透彻的思维。充满激情沉思的韵律、气势、冲劲不仅本身蕴含巨大的生命活力,而且它们还常常成功地使低级功能参与共振,于是,我们就看到整个身体与灵魂进入一种我们所说的着迷的状态,由想象与思维的和谐推着前行。在这些短暂的沉醉时刻,真相的细节被淹没和忘却了。部分会使人联想到的情绪被部分与部分之间的快速过渡情绪所取代;这种俯瞰的兴奋、这种山顶经验,应该也是对实在最真实的看法。专注于一种伴生功能(a supervening function)被误认为是对所有事实的了解,而且这是不可避免的,因为这时所有关于具体事实及其价值的意识都淹没在大脑兴奋的激流中了。

被输入的价值：它们的善变性。

在这些情况下采取极端形式的那种光感缺失（that luminous blindness）大体上见诸一切反思。我们常常只是在回忆中发现自己的经历还有些价值，才认为这些经历是好的。去年、上周，甚至最近五分钟内产生的情感，只有在它们还可以被我们愉快地回忆时，才会受到重视；对于它们所包含的快乐或痛苦的脉动，我们甚至都不想回忆或区别。这段时间被称作快乐的还是不快乐的，那只是取决于这段时间的理想性表象对这个意志产生魅力还是使这个意志产生厌恶。因此有了身体放纵后的厌恶，而且当快乐——根据其伴随表现和预示其来临的欲望来判断——最强烈的时候厌恶常常也最强烈。因为最强烈的热情是间歇性的，所以它们的对象一时拥有的那种不可言传的魅力立刻消失了，并且成了冷静的、被骗的反思无法理解的东西。这种情形在尚未成为事实之前曾不可阻挡地引诱意志，似乎答应给予一种无与伦比的狂喜；它也许会产生一种难以名状的片刻兴奋和狂喜——这一片刻只是部分被挪用于清醒经验，所以它转瞬即逝，使得心灵没有能力拥有或保持比较紧张的姿态。如果当身体处于相反或松弛的状态时同一情形在记忆中复苏，那么，这种情形就会失去所有吸引力，并且反而会使心灵充满反感和厌恶。因为，正像莎士比亚所说，一切强烈的快乐都是残酷而又不可信赖的。

感受时，幸福；感受完，无上灾殃；

事前,巴望着的欢乐;事后,一场梦……

欢乐尚未央,马上就感觉无味;

毫不讲理地追求;可是一到手,

又毫不讲理地厌恶。[①]

控制的方法。

的确毫不讲理。因为尽管冲动的不公正是表象本质所固有的,而且无法完全克服,但是理性通过处理它所能搜集到的一切证据,和直面他人根据各方面的经验得出的最初看法,就有能力把谬误降低到最小限度,并且对不在场的价值作出确实公正的评估。这样达成的公正可以通过对两种经验进行比较来得到验证,这两种经验中的每一种在其出现时,都有同样普通而永恒的客体被选为它们的表达方式。比如,一首情歌可以被不同的恋人宣布为适当的或虚伪的;因此,它可以一直是曾经面对它的瞬间情调的一种标志。的确,理性并不具有独立的发现价值的方法。由于目前倾向的灵敏天平完全装满时表示价值保持不变,所以必须对这些价值作出估量。就像在建构一切知识时一样,理性在估量价值时也被约化为由思维能力和本能的机械作用所提供的材料;不在场的快乐只能用给构想感到这种快乐时的情形的那种意象上色的细微情绪来表象;但是由于暗示的价值曾一度被投射到潜在的世界,亦即关于推论出来的存在的那个领域,这种投射有可能被和它有关的其他暗示和联想所控制和证

---

① 该文引自莎士比亚十四行诗第 129 首。该段中译文引自梁宗岱译《莎士比亚十四行诗》。——译者

实,而理性的功能就是搜集这些暗示和联想,并对它们进行比较。对不在场的价值的正确估量必须是常规性的,并且应当由符号居间促成。直接的同情足以形成本能性的当下合作,但却无法传递相异或相反的快乐。直接的同情过分强调短暂的关系,而必然忽略永久的纽带。因此,将机械的实在置于知觉之后的那个理智必然也会将道德的实在置于同情之后。

以名望为例。

例如,名望是一个好东西;它的价值产生于意志和情绪的某种运动,这种运动则是由这样一种思想引起的:一个人的名字可以与伟大的行为和对这些行为的记忆联系在一起。这种思想的光辉沐浴它所描述的对象,所以人们觉得,名望所具有的价值完全不同于对名望的期盼目前所具有的价值。如果这种期盼是愚蠢的,并且最终注定要落空,那么它毫无价值可言;实际上,它越是荒唐可笑、令人厌恶,上当受骗者就越是感到快乐,而且他的幻觉也就越长久。心灵坚定不移地关注它的对象,对它自己的各种现象却不屑一顾,没有想到它的情绪首先揭示了那个对象的价值并且还能独力维护这个价值。因为如果任何人都对名望不感兴趣,名望还有什么价值呢?

这种对于卓越的兴趣投射是无意识地自动发生的,而且最初是非理性的。如果一切喜悦确实全都从记忆和期盼中消失,同时被表象的事件保持不变,那么我们就无法赋予这些事件以任何价值,就像如果没有眼睛,我们就无法将色彩赋予这个世界,尽管这个世界现在还是这个样子。因此,如果名望的观念不能产生快乐,名望就绝不会被看作是好东西;不过现在,因为观念使人快乐,实在就被看作是绝对的、真正的好东西。这种涉及爱好名望的道德实体(this moral hypostasis)绝不可能被理性化，但要是它不与其他概念和其他估量价值的习惯联系起来，它就会毫无缓和地存在下去或不为人知地消逝。因为只有通过将这些热情并置并迫使它们一起生存，它们才能具有人性。由于名望并不是人的唯一目标，而且名望的获得和其他同样活跃的兴趣具有各种各样的联系，因此我们能够批评追求名望的冲动。

名望也许是赐予人类的恩惠的结果。假如那样的话，希求名望的抽象欲望就会得到加强，而且由于它与更大、更稳定的赐福于同胞的欲望相一致，会在某种程度上被证明是正当的。或者，确保名望的成就和获得名望的天赋很可能再次牵涉到高度活跃的生命力和许多在天才本人看来是深层次的内心满足；所以，对名望的抽象喜爱由于希求包罗万象的高尚经验的那种独立的、更有理性的欲望而再次得到加强。另一方面，胸怀大志者希望受到后代的敬仰，但是后人很可能会大大误解他的思想和意图。后人将会用他的名字来称呼的东西，在很大程度上将是他们自己的幻觉虚构，而根本不是他的肖像。难道恺撒会在由某一中小学校史，或者也许由莎士比亚的讽刺肖像而形成的关于他的流行观念中认出他自己？难道基督会在圣坛上，或在富于想象力的评论家们编造的关于他的浪漫故事中认出他自己？因此，不但年代久远的经验会一去不复返并被歪曲误传，甚至这种名义上的记忆最终也会消失。

如果对名望的热爱被上述这些看法及类似考虑所缓和，那么它往往会在人的、似乎可以被它的人性之根和它对人类进步所起的作用证明是正当的那种理想中占有一席之地。只有在任何原始的欲望都能被合理化这个意义上，即通过与其他欲望浑然结合为一体,它(对名望的热爱)才会被合理化。经过仔细的筛选和批判之后,它还会有多少东西留下来,可能还很难说。气质和社会状况不同,产生的结果当然也不同。虽然最聪明的人会继续热爱名誉,并对自己在他人心目中的形象有一定的兴趣,但他们也许还是会希望后人能像萨卢斯特①称赞加图(Cato)那样来称赞自己：*esse quam videri bonus malebat*——他喜欢美德甚于喜欢好名声。

> 对美的东西的不相称的兴趣。

价值被认为是缺席的经验按照经验在表象中所具有的那种价值创造的,这一事实再次出现在最奇特的一种人生异常现象中——即思维和反思对经验的形式过于感兴趣,而对其强度和大小却不太重视。已经结束的晕船和分娩、最终已被遗忘或得到回报的那种被人看不起的爱情的痛苦、一旦有人保证予以拯救时罪孽的煎熬,全都像晨雾一样消散了,此时晴空万里,没有一丝忧伤。只是留在记忆中并且不可复制的快乐也是如此;荒唐尚未令人生厌时的青春乐观、对运动或爱好的着迷、对普遍者神秘屈从中所蕴含的无限安宁,所有这些豪爽的激情一旦过去则毫无价值。有关它们的记忆并不能消除忧郁的情绪,也无法让易怒的人不理会某个带有恶意或报复性的小动作,或是让他心平气和地面对坏天气。另一方面,同思量自己一生或世界所可能拥有的所有快乐相比,一首贺拉斯颂歌、一篇科学论文或一曲美妙的音乐倒能更好地去除忧郁。巨大的痛苦和欢乐怎么会对想象力影响如此小,而对非常

---

①　萨卢斯特(Sallust,约公元前 86—前 35 或前 34)：罗马政治家和历史学家,著有《喀提林战争》、《朱古达战争》和《历史》等。——译者

微弱的审美或智力的刺激物——必须承认，这些东西对人类福祉来说几乎无足轻重——却共感地做出反应呢？我们怎么会这么容易对艺术天才产生敬畏之心，对也许只闻其名未见其作品的，和对人类影响微乎其微的人（例如一个叫品达或列奥纳多①的人）推崇备至，而相形之下却把大商人、大发明家看作是卑贱者呢？我们看到威斯敏斯特大教堂里的一则铭文称多轴纺纱机的发明者是人类的真正恩人之一，怎么会哑然失笑呢？从总体上看，与莎士比亚及其所有的戏剧和十四行诗相比，他对人类幸福的影响更大、更明确，这难道不是很有可能的吗？但是棉布的廉价性并不会在幻想中产生能与哈姆雷特或伊摩琴②相比的特别讨人喜欢的形象。梦想具有极大的自私性：在真实世界的呐喊声中，它们完全充耳不闻，刀枪不入。

　　同样的审美偏见也出现于道德领域。功利主义者一直想要证明：人类良知所称扬的正是往往会导致普遍幸福的那些行为，而任何时代所流行的公正和美德的观念随着社会经济情况和所能得到的奖励的变化而变化。而且，如果充分考虑到主体的复杂性，我们就可以明智地承认，义务道德（obligatory morality）的格言与全体的福利就具有这种关系；因此，美德对于士兵来说意味着勇敢，对于商人来说意味着诚实，对于妇女来说意味着贞节。但是，如果我们从要求所有人都具有的道德转向被视为完美和理想的类型，我们就会发现根本没有这种与有关利益的对应关系。自私的想象在

---

① 此处是指列奥纳多·达·芬奇。——译者
② 伊摩琴是莎士比亚戏剧《辛白林》中的女主人公，贞妇的典型。——译者

此介入,赋予用最吸引人的梦幻情绪来招待它的那些形象以非理

性的绝对价值。例如,基督的性格——甚至我们

之中最少正统思想的人也惯于把他的性格当作

完美的典范——并不是恩人的性格,而是殉道者

的性格:作为来自上界的神灵,他在经历这种缺乏谅解的、堕落的

生活的过程中受尽折磨,被弄得伤痕累累,但他与超自然物的内在

相似之处支撑着他,他不再着迷于世俗或政治的利益,他的伤口愈

合了,而且他还纯粹是出于同情原谅了伤害过他的人。基督并不

像普罗米修斯①那样因为赐予了或希望赐予任何一种尘世恩物而

遭受苦难:他所留下来的唯一恩物,就是他自己在十字架上的形

象,借此,人们在悲痛时可以得到慰藉,在追逐名利时会感到自责,

可以迫使人们信仰超自然物,并且可以因对世事的共同冷漠而结

成一种神秘的兄弟关系。当人们汲取这些教训,或内心愿意汲取

这些教训时,他们越来越清楚地认出耶稣就是上天派来的救星,而

且他们在跟随自己的良知和极端理想主义而进入沙漠或修道院

时,在无视一切公民道德并任凭异教世界的财富、艺术和知识破落

衰败时,就开始做他们觉得是模仿基督的事情。

　　当然,一切自然冲动和自然理想都存在于这种理论禁欲主义

底下,在它不近情理的控制下扭动挣扎,而且无论在每个人的生活

中还是在历史的进程中,常常突然间对它强行入侵。不过基督的

形象仍然留存在人们的心里,依然具有不可思议的权威性,所以,

非理性的宗
教忠诚。

---

　　①　普罗米修斯(Prometheus),希腊神话人物,传说曾因盗天火予人类而触怒宙

斯,被锁于高加索山崖上,遭神鹰折磨。——译者

即便到现在,尽管这么多自称为基督教徒的人,他们是纯粹的自然之子,完全不了解基督教在这个世界上究竟干了些什么,但不善言表的他们还是真诚地崇拜基督这个人和他的话,试图尽其笨拙的想象力之所能把那个钉在十字架上牺牲的神灵改造成芸芸众生的保护神。为什么这种对某个人物坚持不懈的崇拜是对这些善良的人内心所珍视、外表上所追求的一切的彻底否定呢?因为基督的形象和关于他的宗教的联想,除了它们的原义之外,一直深入人心:它们一直是它们的魅力还能吸引的那种难以捉摸的情绪和神秘的直觉的焦点,这种神圣的混合物在表象中所具有的价值被转化为它的名义客体,而"基督"则是一切宗教冲动的惯用名,不管这种冲动与基督教徒是多么不相容。

当符号有了重大的意义时,它最初的意义就消失了。对世人来说,基督的形象是最后的避难所;它是一种安慰,是一个希望的新场所,任何不幸都不可能把基督的崇拜者赶出这个场所。因此,它作为一种观念的价值是巨大的,比如说,对于恋人来说,他未曾品尝过的快乐的观念的价值是巨大的,或者说,对于临终的人来说,健康和令人心旷神怡的阳光的观念的价值是巨大的。同恋人

可怜的理想化。

不可能问他的意中人是否值得追求,或者,临死的残疾人不可能问再年轻、健全地活一次是否真的有益一样,信神者也不可能自问他的神在其总运作中是否真的保佑他和值得称颂。"人生值得享受"乃是最必要的假定,如果不假定这一点,那么它就是最不可思议的结论。经验,由于其喜忧的消极影响,既不能激发也不能制止热情;只有当下的理想才能有助于使意志运转,并且如果它已经实现,也有助于证明该意志

是正确的。圣者的光环是一种视觉幻象;他的行为不管最后对世界产生什么影响都会被他的光环所美化,因为这些行为在被戏剧性地复述时似乎具有某种温柔、销魂或神奇的味道。

因此,艺术界或宗教界的伟大人物,同一切历史上著名的、富于想象力的理想一起,似乎都不知不觉地逼近他们所表象的价值。形象比原型更有光彩,而且常常是更加重要、更有影响的事实。事物在对表象产生影响时得到尊重。人们赞美一个值得怀念的事物,一点也不想触及称赞的理由。因为事物因其值得怀念而被称为伟大,而不是因其伟大而值得怀念。最剧烈的痛苦、最大的快乐、最广泛的影响消失在急遽的统觉中,而且它们即使在某个合理的时刻得到重建和认可,也会很快再次被遗忘,不再为人们所关注。但是最空洞的经验,甚至是最险恶的倾向,如果它在别致的形象中得到体现或者在心灵中激起令人愉悦的回响,那么就会被人奉为神圣,当作偶像来膜拜。阿喀琉斯的确很幸运,他曾被荷马所吟咏;用自己的悲哀与无知来娱乐大众的诗人们也是幸运的。这种估算的死后幸运乃是他们所拥有的唯一幸福。记忆的恩惠赐予那些脆弱的实际存在的事物,而不给予日常经验的大量的内容。当生命终止而曾经在场的事物成为一种记忆时,死者的魂灵依然在活人中间游荡,它之所以使人害怕、受人崇拜并不是因为它曾具有的经验,而是因为它当下呈现的模样。不过,表象中的这种不公正,尽管理论上如此令人生厌,实际上却是可以原谅的;原因是:它在某种意义上是对的和有用的,因为一切事物,不论它们最初或固有的身份是怎样的,每时每刻都应当用它们当下的功能与效用来评价。

当价值必须被归因于未来时,把价值归因于过去的错误自然就更加严重。在前一种情况下,间接证据不可能控制想象,因此想象是判断的唯一基础。但是,尽管事物的概念自然地唤起一种不同于事物的在场必然会产生的情绪,关于对未来而言令人想望的东西的理想并不包含这样的保证:想要得到的经验成为现实时是可以接受的和好的。理想并不附有这样的外在保证:它的实现会是件有益之事。为了使自己确信理想具有合理的权威性,并且比与之形成对照的现实状况更好地表象经验,我们必须用尽可能多的迂回累赘话语来控制预言性的形象。正如就名望来说一样,我们必须支持或修正自己的自发判断以及被设想的客体所能激发的其他一切判断:我们必须使自己的理想和一切经验相协调,而不是仅仅和一部分经验相协调。甚至在那个时候也可能出错;但是在务实的心灵做了每个可能的修正时,它总是会接受出错的风险。合理的意志并不以理性为基础,或者说,除了活跃的意志会唤起并宣告的神谕之外,它没有其他任何证据来证明它的实现是可能的,是好的。意志可能具有的合理性并不在于它的来源,而是在于它的方法。理想不可能等待自己的实现来证明自己的有效性。它想要得到应有的支持,只需做作为一个理想应做之事就够了,也就是说,只需完整地表达灵魂当下所需要的东西,公平地对待一切现存的利益,就可以了。

预言中不可避免的冲动性。

检验,被控制的当前理想。

第十一章　理想的一些抽象条件

终极目标，
一种结果。

理性的功能是体现善，而对卓越的检验本身就是理想；因此，在我们能够弄清楚理性在任何特定的情况下显现之前，我们必须了解激励我们的那种理想的合理性。一般说来，在我们能够使自己相信理性的生活或由科学引向精神利益的实践在任何情况下都是值得拥有的之前，我们必须了解它的终极目标的可能性与特性。不过，每个理想都是它自己的正当理由；所以，只有在下述这个意义上终极目标才能树立起来并成为对普遍进步的一种检验：应当构想各种冲动的和谐与协作，它们会导致在受我们行为影响的整个神灵社群（the whole community of spirits）中可能得到的最大满足。现在，如果不考虑任何现存的具体乌托邦，例如，像柏拉图的《理想国》或神学家所描述的天福那种东西，我们也许会问：理想的性质和功能及其与经验和欲望的关系强加给理想什么样的形式特性（formal qualities）？

需求，理想
的实质。

理想与特定需求的关系如同实在与特定知觉的关系。在理想面前，特定的需求失去了自己的权威，而特定的人也许渴望得到的好处则不再是绝对的；不仅如此，欲望的满足在与有待实现的理想相比较或相对立时,开始作为一种无足轻重的、邪恶的东西而出现。所以,很明显,在知觉中,瞬息即逝的印象在与稳定的实在概念相比较时,开始被认为是虚幻的。不过,瞬息即逝的印象自然是构成那个概念的唯一材料。生活本身就是一种瞬息即逝的印象,假如我们没有每时每刻不断地纠缠着我们的个人瞬间经验,那么我们根本就没有机会求索实在,也根本没有材料来构建一个如此无根据的观念。同样,对于任何理想来说,当下的需求都是材料和机会:没有需求,理想在这个世界上就没有立足点(*locus standi*)、力量、魅力和特权。如果理想能直面特定的欲望并使它们羞愧,那只是因为理想是一种更加深邃的、更加巨大的欲望的对象,它体现了这些欲望盲目地、也许是不择手段地追求的善。如果用来修正需求和所追求的利益的标准不是用这些需求和所追求的利益建立的,那么这些需求就不可能被引入歧途,这些所追求的利益也不可能是虚假的。否则各个需求都会使它的对象成为一种分离的、绝对的和无可指摘的善。但是,当各个欲望逐一受挫并在少许醒悟之前消退时,反思可能会开始暗示也许仍然有可能得到的剩余满足(residual satisfactions),或者可能会暗示某种立场的改变,通过这种改变仍然可以得到所希求的许多东西。

这种新尝试的力量只不过是重新发起的旧冲动;这种新希望乃是旧时乐观主义的正当残余。在这第二个战役中,各种热情纷纷上阵,它们意识到敌人的顽强不屈,于是打算签订合理的和约,甚至准备向优势兵力投降。这种驯服最初也许只是精疲力竭和小心谨慎的结果;但是,人的意志虽然在作判决时很独断,然而绝不是持久不变的,它很快就习惯于作出牺牲,把流亡地当作新的故

乡。以前的雄心壮志现在证明是不能实现的，它开始好像变得任

性放肆；有可能得到的满足的范围成了通常所

意志的训练。

说的幸福的领域。经验造成了这种比较谦恭、
比较无趣的精神状态，经验有它自己的虚构的成果。在强迫各种
特定的冲动减少托词的那些力量中，最惹人注目的是活跃于本人
及其邻人心中的其他冲动、其他兴趣。当人们认识到这些外在需
求的力量时，这些外在需求就开始确实受到重视；当人们想要调整
这些外在需求时，这些外在需求就开始被理解，因为只有通过研究
它们的表现与趋向，才能衡量它们的敌对程度。但理解不仅仅是
原谅，它还包括采纳；而只想缩入闷闷不乐、残缺不全的自我放纵
之中的热情能够感受到自己为同情所扩张，尽管它也许以原始的
强烈态度完全排斥过这些同情。经验在带来谦卑的同时也带来智
力。个人利益开始似乎变得相对，它们开始好像是表现于许多共
同的习俗和艺术的巨大普遍福利仅有的一些因素、在每一热情中

变得实际和一
贯的需求。

塑造可传授或理性的东西的模型。如果各种
原始冲动多少根据其野蛮程度被加以修整，那
么它们就能栖居于该国度；如果每种善被充分
地改变形态，它们就能再次存在于普遍的理想之中。这些因素在
结果中也许常常确实是认不出来的，所以驯化过程常常使它们变
形；但赋予它们以活力的那些兴趣却挨过了这场训练，新的意图确
实得到尊重；否则理想就不会有什么精神的力量。不表象活跃兴
趣的理想往往与实践不相干，正如实在概念往往与由感官提供的
材料所构成的知觉，或在一个可理解的系统中再现真实感受的知
觉不相干。

于是,我们在此了解到理想必须履行的

理想是自然的。

一个条件:它必须是已经在进行中的诸冲动

的组合或综合。与世人的需求无关的理想非但不是什么理想,甚至也不是善。追求这种理想往往不是道德努力的巅峰,而是道德努力的衰败。当想要效忠于被描述得过分象征化的至善的意向对所有天然受到珍视的事物产生具有迷信色彩的反感时,神秘主义和禁欲主义就会遇到这种危险。所以,武断的怀疑主义也会通过把经验与绝对实在这个"喀迈拉"①进行比较,而认为一切经验都是靠不住的。正像绝对实在是无法描述的并且没有阐释现象的功能一样,对任何人都是不善的至善也没有可以想象得到的价值。敬重这种偶像是一种辩证的迷信;如果对那种套话的热情真的开始抑制明智选择的练习或对于自然乐趣的欣赏力的发展,那么它就会引起理性的生活逆转,而如果一味沉湎于理性的生活,那么理性的生活只能发疯或重返愚昧。

不过,理性必须赋予理想的这种和谐和理想

整体与终极
的需要。

在尚存的需求中必须具有的那种基础一样重要。

如果说理想没有那种基础会失去它的价值的话,那么理想没有这种和谐会失去它的终极。人性是易变的、有缺陷的;它的需求在偶然产生的欲望中得到表达,并且为各种也许不能在世界上共存的客体所引发。如果我们只是抄录这些五花八门的需求,或允许这些飘忽不定的欲望向我们口授理想的要素,那么我

---

① 喀迈拉(chimera):希腊神话中的怪异精灵,有狮子的头和颈、山羊的身躯、巨蟒的尾巴。该词也转义为不切实际的幻想,胡思乱想。——译者

们永远也不可能达到全部(a Whole)或尽头(an End)。一个又一个的新奇幻想似乎也体现完美,而我们会用我们理想的所有其他表达来反驳我们理想的各个表达。有一种哲学流派——如果我们可以把这种系统地无视理性的做法叫作哲学流派的话——如此深地陷入这种不一致的沉思中(这种不一致在当今世界确实相当普遍),以至该哲学派流误认为这种深思是一个正常而且必要的过程。理想之所以伟大,就在于它模糊不清,就在于一种使它完全不确定、完全不一致的弹性。进步的目标,除了因此被迫相继存在于每一个罗经点之外,还被移至无限遥远的地方,因此,达到目标的可能性被否定了,进步本身成了一种幻觉。因为进步应当是为了达到某种确定的生活类型,亦即某种特定的天赋的对应物,而凡是不含相当可观的利益的东西都不能称之为改进。如果由于某种新的原因,我们还是像从前那样备受阻挠并且远离和平,那么胜利就会是一种已经过去的冒牌货。

讽刺家们一开始就把生命描绘成为了虚幻的目的而进行的一场永恒的战争,他们很遗憾,因为太多的事实都证明了这一点。于是,有些更加粗糙的心灵太没有修养,从不追求可以真正达到或真正令人满意的善,并且进而误认对人类愚蠢的讽刺是对整个世界实事求是的描述;最后,其他人也都不再羞于把它说成是理想本身——就像染坊师傅把手伸进染缸里致使其手变色那样快速。野蛮的心灵不可能把生命,像健康一样,构想成一种不断地受到维护或修复,并含有只是被疾病所打断的那些自然而理想的活动的和谐。这种心灵从未体味过秩序,因此它无法构想秩序,并且认为进

（虚无的理想。）

步就是新的冲突,生命就是不断的死亡。它之所以将非理性、不稳定性和冲突奉若神明,一部分是因为虔诚,一部分是因为缺乏经验。虔诚表现为:由于自然的永恒流变而向自然致敬,和认为既然不可能永远保持平衡,那么也许不应当保持什么平衡。缺乏经验表现为:没有想到凡是在兴趣和判断存在的地方,自然之流可以说都奔腾直下而形成了旋涡,并创造了自然的善、累积的生命和理想的目的。艺术、科学、政府和人性本身是自我界定和自我保存的:它们通过部分地确定一个结构来确定一个理想。但是野蛮人几乎不可能看重这种东西,因为对它们进行区分和培养往往就是创立了一种文明。

达尔文论道德感。　　理性的界定理想之功能在原理上极其简单,尽管在那个原理可能被用尽之前所有的时间和存在往往都必须被收割掉(to be gathered in)。关于理性的基本工作方式,几乎不可能找到比达尔文为说明道德感的自然起源所举的更好的例子了。一只燕子,当它受迁徙本能驱使而抛下满满一窝羽毛未丰的雏燕时,就会忍受一种道德的冲突。这种更加持久的冲动,亦即假设的记忆,当它在被间歇的热情瞬刻遮掩后再次出现时,会引起一种道德判断。"当母燕给雏燕喂食或用翅膀护着雏燕时,母性的本能可能强于迁徙的本能;但是那种更加持久的本能取得了胜利,母燕终于在雏燕不在眼前时,抛弃雏燕,振翅南飞。当到达她长途旅行的终点,迁徙的本能不再起作用时,如果母燕由于具有超乎寻常的心理活动,而在想到雏燕在荒凉的北方因冻饿而死之前不能阻止意象不断地经过的话,她会感到

多么后悔和痛疚。"①她肯定也会像任何罪人一样,因愚蠢地背叛
自己最宝贵的善良而自责。不过,这种背叛并不完全是愚蠢的,因
为遗忘的本能和回忆的本能一样,是自然的和心然的,而且遗忘的
本能所带来的满足同样也是真实的。诱惑和责任具有同样的基
础。区别在于这些对立的满足具有不同的强度和持久性,良知对
这些满足所要采取的态度更多依赖于那些被比较的需求的表象能
力(representability),而不是那些需求的原初强度或最终结果。

因此,富于激情的良知不涉及理性的公正
评判,可出现在各种持续时间长短不一的冲动
中。这种良知也不涉及综合性的理想,而只是
涉及特殊需求的理想存在。因此,良知中的冲突是很自然的,而且
要不是受热情鼓舞的心灵通常所特有的那种狭隘性,这种冲突就
会不断地出现。罪恶后悔的生活与理性的生活相去天渊。不过,
有关的需求和满足一被富有想象力地综合和平衡,产生良知和责
任感的同一种情形就是把理性应用于行动和形成理想的一个机
会。鹳鸟也许不只是感到它的两种冲动的冲突,也许不只是交替
地体现两种敌对思想的雄辩。它也许会公正地评判这两种思想,
并且在感到它们在场的情况下设想它们能达成何种统一或妥协。

反思中构想出来的这种合成的追求对象,其本身不是上述两
种冲动中任何一种冲动的初始目标,而是被这两种冲动所占据的
心灵的理想:它是理性在那些情况下设定的目标。它不同于良知
的指令,因为良知常常是与它会完全消除的其他原初冲动相反的

①　《人类的由来》,第三章。

某种或某组利益的代言人；而理性和理想既不是活跃的力量，也完全不是热情的体现，它们只是一种在反思中对欲望对象进行比较的方法罢了。良知暗自感到目的之善；对于这种善，理性只能信其有并把它"登记"（registered）为事实。对于良知来说，相反意志的对象是一种恶，但在理性看来，根据与其他任何善相同的理由，它却是一种善，因为它为自然冲动所追求，并能带来真正的满足。总而言之，良知参与道德冲突，理性则是道德冲突的观察者，不过，结果他通过提出和谈条件而扮演了最重要、最仁慈的角色。由同情心和对世界的认识促成的这种因提出条件而达成的和平，就是理想，它从它所体现的非理性冲动中借得它的价值和实践力量，从它借以认识所有非理性冲动的"真实"和它用来强迫每个非理性冲动作出普遍和谐必不可少的那种牺牲的"必然"那里借得它的终极权威。

　　假如每个冲动都能离开理性而得到完全的满足，那么它们无疑会嘲笑正义。为了进行劝告，神学家必须使用 *argumentum ad hominem*[①]；理性必须向人心证明自己是正当的。但完全的满足是不负责任的冲动绝不可能希望得到的东西：尽管其他一切冲动也许不在心灵里，但它们还是存在于自然中，并通过其物质基础占据这个领域。它们有效地抵抗冒失的闯入者。因此，漠视它们便意味着一无所获：理性远远没有造成局部的放弃和它所强迫作出的相应

> 理性不强迫作
> 出新的牺牲。

----

　　①　辩论时以迎合听众特殊的情绪、偏见或利益取胜，使用哗众取宠的手法。
——译者

的牺牲,它实际上是通过使这些冲动变得自觉自愿和富有成效,而把它们减弱到最低限度。理想皱着眉头,也许显得很严肃,但实际上它抚育了所有可能的快乐;与盲目的力量和自然灾难会以另外的方式切除的东西相比,理想所削减的东西算不了什么;它使自己认可的东西变得美好,为自发的愉悦增添道德安全感和理智之光。

只受非理性良知指导的那些人几乎不了解什么是美好的生活。为了使他们称之为道德的那些不负责任的规则可以通过奇迹而导致美满的结果,他们的乌托邦必须是超自然的。但这种不可思议的、不应得到的幸福,假如可能存在的话,往往也是没有什么吸引力的:它只能满足人性的某一个方面,实际上这种如此贫乏的理想不可能引起意志的兴趣。因为同样的自然力塑造了人性,人性的理想必须在这些自然力中得到实现,而且除了一些不切实际的希望和奢华物之外,人心所想望的东西大体在人的自然环境中是可以得到的,而在别处则不然。世界上欲望与利益的冲突并不比人类对自己本性的不满更加激烈;因为,每个特定的理想都是运作中的人性的表达,它最终必然会涉及原始的人类官能,并且在本质上不可能与也涉及这些官能的其他理想不能和谐共存。

> 可以得到的、大体上能和谐共存的一些自然利益。

使所有需求适应某一理想并使那个理想适应它的自然环境——也就是说,过理性的生活——是完全可能的事情;因为,这些需求不由自主地趋向于相似,它们通过合作能得到比通过盲目的冲突更好的促进,而理想则完全不需要本性发生根本性的剧变,它只是表达自己的实际倾向并预示它充分发挥作用会是什么样子而已。

和谐,理性之形式
的、内在的需要。

　　理性本身表象,或更确切地说,构成单
一的形式兴趣,即对于和谐的兴趣。当两
种兴趣同时发生而且都属于同一个理解行
动(act of apprehension)时,使它们一起实现的那种努力就包含着
使它们和谐的愿望。如果注意力和想象力很稳定,足以面对这种
包含而且不允许冲动在两种不可调和的倾向之间犹豫不定,那么
理性就出现了。从此以后,现实的事物和想望的事物遇到了一种
既有相关性又有权威性的理想。

第十二章　人性的流变与恒定

可敬的传统观念：人性是固定不变的。

　　一看到人们的热情，即似乎在各种伪装之下再现于所有的时代和地域的那些热情，自然就产生关于某种被称之为人性的东西的概念。古希腊哲学，由于它强调一般概念，所以喜欢进一步界定人性这一观念，喜欢支持这样一种信念：所有人都有的、单一的相同本质决定他们的能力和理想命运。基督教虽然改变了人类的理想并且强调了人类的各种神奇的亲密关系，但它并没有放弃关于具体人性的看法。相反，在堕落①、救赎②、圣餐礼以及基督教教义和戒律的普遍效力中就暗含着这种看法。因为，如果人性不是只有一种的话，我们就没有正当的理由要求所有人在信仰或品行上都保持一致。人性同样也是英国心理学家决定描述的东西；而康德则完全为固定不变的、普遍的人性这种看法所左右，以至于在他看来，人性的恒定是自然律和道德律的根源。要是他对人性的稳定有片刻的怀疑，他的体系的基础就会崩塌；知觉和思维的形式立刻会失去它们引以为豪的必然性，因为明天可能会

_____

① 此处指人的堕落，亦即亚当与夏娃受诱惑而吃禁果之堕落。——译者
② 此处指基督对人类的救赎。——译者

出现新的范畴和修改过的先验时空直觉;而且通过不可改变的道
德情操引领人类的、通往关于形而上学真理的假设的路径也会
关闭。

相反的意见倾向。

在近代,两个重大的影响——即进化
的理论和泛神论的复兴——减弱了这种悠
久传统的力量。第一个影响把流变重新引入存在的概念,第二个

进化。

影响把流变重新引入价值的概念。如果自然界的物种
是流动的,并且彼此之间是你变成我我变成你,那么人
性只不过是偶见于某些动物族群中的一组特性的名称而已,新的
特性往往依附于这一组特性,而其他的能力则时而在整个种族中
时而在个别人身上消失。因此,人性是一种易变的东西,它的理想
不可能比它所表达的需求更恒定。一个人或一个时代的理想对另
一个人或另一个时代也不可能有什么权威性,因为存在于本性和
利益中的和谐是偶然的,每一次和谐都是无限期进化过程中的一
个过渡阶段。因此,不管什么时候,精神力量的结晶必须用宇宙法
则而非人类法则来解释;哲学家的兴趣不可能是探寻当下不稳定
的欲望的含意,而是发现产生并转变了这些欲望的机械法则,所以
它们会不可挽回地既改变自己的基础又改变自己的对象。

泛神论。

在大众科学所提供的这幅"物质不稳定性"
(physical instability)图画中,还得加上被卷入泛神
论中的种种神秘的自我否定。这些自我否定刚好进一步证实了这
样一种学说,即人性是一种易变的东西,同时也进一步证实了这样
一种观点,即人性是一种有限的、无价值的东西;因为据说,存在物
的每一个决定在它是其中一部分的那个无穷连续统一体(the

infinite continuum)中都有它的意义和起源。形式是限制,而根据这种哲学,限制就会是缺陷,所以人类的唯一目标就会是逃避人性,而专注于虽然产生了人类的各种思想和理想但随后必定会否定它们的那个神圣的星云。就像世界上也许只有一个精神,那就是无限的精神一样,世界上可能也只有一个理想,那就是不加区别的理想。由于这种神秘的指引,自然主义者的关于人性不稳定的看法往往会产生的那种绝望变成了一种出神;相似性(conformity)的洪水突然淹没了似乎因为科学而注定要逐渐消亡的那种理性的生活。

理性是人性的功能。尽管理性被用来指称各种所谓有活力的或辩证的宇宙生命原则(principles of cosmic life),但是这些原则

> 存在物中的不稳定性并不推翻它们的理想。

都缺乏理性的实质内容,因为它们不是朝着满足的有意识运动,换句话说,它们根本不是道德的、有益的原则。因此,人性有多不稳定,理性同样也会有多不稳定,因为理性只是人性的一种功能。不管在有形的意义上人类的理想具有何等的相对性和从属性,这些理想始终是人类唯一可能的道德标准,亦即人类可以用来在其他任何领域检验价值或权威的唯一标准。而在不稳定的、相对的理想中,最相对、最不稳定的,是把所有价值都运送到普遍规律(它本身对善恶不感兴趣)那儿并把它当作神来崇拜的那种理想。这种偶像崇拜假如不是偏颇的和掩饰的,不是在对某种人类兴趣的探究中达到的,并且不是凭借道德的惯性和模棱两可的话语得以坚持的,那么它实际上是不可能存在的。的确,神秘主义者并不像他们所宣讲的那样完全摈弃理性:他们仍然认

为永恒的效力和处理绝对实在的能力属于思想，或者至少属于情感。可是他们在描述人性时却偏偏忽略了自己在沉思中所运用的那种能力；他们所绘制的地图竟然落了他们脚下的那块土地。他们开始傲慢地打量与他们暂时没有关系的其余事物，认为它们是天然的或神授的普遍规律的短暂显现而不予相信。他们忘记了，这种对规律的信仰、对空洞实在的迷恋、对终极思想的热情，和其他事物一样都只是人类的激情罢了；他们忘记了，他们像忍受发烧一样忍受这些激情，而动物本能则是这些精神渴望所依靠的"专利"（patent）。

关于人的、踌躇的绝对主义哲学。

如果上述情感没有被当作绝对启示的工具，那么这最后一项事实对这些情感来说算不了什么。相反，本能的这种相对性是它们价值的根源。由于这种相对性，它们在世界上具有某种基础和功能；因为如果它们不依靠人性，那么它们绝不可能表达或改变人性。宗教和哲学并不总是有益或重要的，但是如果它们是有益或重要的，那就是因为它们有助于发展人类的能力和丰富人类的生活。认为我们可以用它们来逃避人性和从外部审视人性，乃是一种对除了人性受害者之外其他所有人来说都很清楚的鸵鸟般幻想。这种托词在很容易自我催眠的学院里可能会受到称赞，但是在世界上，它却使相信并宣讲它的教授变得可笑。因为，他们既渴望清除自己头脑中的人类偏见，同时又将这种渴望的合理负担减少到最低限度，而且如若他们仍然继续武断地宣讲的话，那么对于喜欢讽刺挖苦的人来说，观察宇宙毁灭后幸存下来的那种语言或训练中被人遗忘的意外事件，和建造一条可以论证的通向绝对真理的道路，倒是挺有趣儿的事情。

> 所有科学都是瞬间思想的释放。

无论是神秘主义者所走的抽象之路，还是自然主义者所采用的直接的、据说是不偏不倚的观察，都不可能超出共同经验、传统情感和常规思想的那个领域，所有人一生下来就进入该领域，而且只有冒内部崩溃和灭绝的危险，才能避开它。观察涉及感觉，而感觉又涉及感觉器官，这是自然主义者很难忽视的一个事实；而当我们补充说，需要用被效用所认可的逻辑习惯来解释感觉材料时，科学及其所有结构中的人性就变得再清楚不过了。迷信本身不可能更有人性。不偏不倚的观察之路并不是背离日常生活之路；它是习俗的进步。它通过增大它的两个要素即专心感知和实际计算的比例，增进人类的信仰。结果，这整个幻象由于不时地得到当下的经验和本能的支持，它除了实际的理想之外没有任何价值。而且如果它证明人性是不稳定的，那么它就不可能把那个证明建立在比此刻它恰巧所具有的那种人类能力更稳定的东西上。

抽象也不是一个较少人性的过程，好像通过确实变得非常深奥，我们可能会希望成为神学家似的。学院派不

> 所有批判也是如此。

是常说形成抽象观念是人类理性的特权吗？难道抽象不是凡人的智力快速运转的一种方法？难道它不是承载了太多经验的心灵的权宜之计，不是无法把握丰富多彩、不断变化的世界的眼睛的诡计？难道这些根据幻象绘就的图表、这个思想信号系统应当是栖居于我们心中的绝对真理？难道我们是通过勾勒自己梦想的轮廓来达到实在的？如果科学世

界是人类能力的产物,那么形而上学世界肯定更是如此;因为在那里①交给人类理智处理的材料,在这里②又为人类艺术所加工。这就构成了辩证法的尊严与价值,所以不管外表怎么样,它是很有人性的;它与经验的关系类似于艺术与经验的关系,在那里每当艺术天才具有崇高的风格时,他所选择的、已被他的审美偏好染上了颜色的那些可以感觉到的形象,在复制的过程中重新被染色,并且再度充满他的心灵。

因此,逃避人性,或以像阻止它运转那样的方式构想它及其环境,这是确切无疑的。我们可以在这个或者那个经验领域里采取自己的立场,可以在没有意识到支持我们的那些兴趣和假定的情况下,评论在其他地方取得的成果的真实性(the truth)或价值。与激起我们评论的那些未命名的信念的坚定性相比,亦即与这些信念在人生中可能会有的那些扎得很深的主根和结满果实的分枝相比,我们的评论可能是坚定的。终极真理(ultimate truth)和终极价值会被合理地归因于事实上能够让人性得到最大满足的那些观念和所有物。我们可能会承认人性是易变的;但是,如果要想证明那种承认是正确的,那么就必须用人性成功地从它那里所得到的满足来证明它是正确的。我们甚至还可能会承认人类的理想是没有实际意义的,但这只是在它们对于实现真正的人类理想来说毫无价值时才是如此。

---

① 指科学世界。——译者
② 指形而上学世界。——译者

理性的特定构成,以及辩证哲学可以从该构成中推导出的任何东西,显然无法决定任何关于可能把理性弄到现在这种地步的原因,或可能在理性出现之前的阶段的事情。永远不可能成为完人的道德家无疑会想到某些自然科学概念;例如,他可能会认为,理智的可传达意图和意志都曾指向它们的生命基础。运作中的超越似乎只适合于有历史的、具有易受外界影响的有机组织的存在物,因此,他的心灵就会开始不仅表象随时可能出现的状态,还表象最终的命运。不过,对于辩证的自我认识来说,这些暗示也许是外来的。它们可能只是试探性的,而人们往往会坦率地承认,人性像能产生它的宇宙自然史一样易变、相对和转瞬即逝。

> 非本质的根源。

> 功能性的理想。

不过,如果我们因为发现了人性的根源和条件而否认它的理想权威,那么错误就会根深蒂固,矛盾就会无法解决。比如说,自然和进化使生命发展到了现在这个样子;但是这一生命依然存活,这些器官具有确定的功能,而此时此地与生命所展现的理想活力有关的人性,则是一种生来固有的本质,一组具有各种确定的限制、关系和理想的活动。这些能力的整合作用和确定性是理性的任何综合运作的先决条件。就像自蒸汽机问世以来,其结构有了很大变化,其属性也增加了一样,自地球上出现人类以来,人性的结构无疑也经历了各种变化;但是,就像任何时候每一台蒸汽机都必须有机动性的限制、功能的统一以及部件和压力的明确限定一样,任何时候见诸任何一个人的人性也有明确的范围,凭借这种范围,他独自就能具有可靠的记忆、可辨别的性格、把思想与言语联系起来的能力、社会效用和道德理想。构想或检验任何真理的可能性,或任何增进幸福的可能性,均有赖于人类的特定结构,有赖于围绕固定的对象所进行的活动。

它们可转移到相似的存在物。

具有不同经验和属于不同组织的思想家,在某种程度上,有不同的逻辑和道德律。甚至在同一个种群的存在物中,交流也是有限的,而且一个智者的能力和理想不可能毫无变化地转移到其他任何智者。假如心灵中的这种由历史造成的多样性是完好无缺的,所以每个人都生活在自己的精神世界里,那么这些精神世界中的每一个精神世界的科学,如果它的意义具有某种内在的固定性或恒久性的话,都还是有可能存在的。在每一个人类的思想以及一种不朽的意图中有一种凡人的、不可复原的知觉:其中有些东西立刻就消亡了,而在物质方面可以得到保存的部分则与产生这种知觉的器官的稳定性或多产性成比例。如果这种功能是可以模仿的,那么它最终形成的客体就会重现,两个或两个以上具有同样理想的要素就会发出可以进行比较的信息,而且有可能达成一致。思想的一致必然导致功能的同一和器官的相似。这些条件划出了理性交流和社会的范围;在它们完全失败的地方,则没有任何共同的智力、交谈、精神上的团结一致。

然而,理性的内在权威并不因为它形体表达有限或存在非理

内在的权威。

性事物而被摧毁,就像一种特定语言的语法并不因为它不适用其他语言或有些人违反它的规则而另外一些人则完全是哑巴而被作废一样。无数的疯子与思维规律没有什么关系,思维规律的权威借自每一个理性心灵的内心

意图和中肯。像美一样，理性就是它自己存在的理由。当使理性得到满足成为善的尺度时，理性对过有道德的生活来说的确是有用的。

那些不是以哲学为主业的真正哲学家，必须做好独自踩葡萄榨汁机的准备。他的确可以像月桂树一样在惬意的环境中茂盛地生长，但更为经常的是，他像一根在风中摇曳的芦苇。无论命运的意外使他挨饿还是果腹，他都必须在自己的理想中寻找生活的本质。精神生活中，他律即自杀。我们时常谈到协调和矫正个体需求的那种普遍灵魂，假如它是行动中的一种意志和一种智力，那么它本身也会像其他灵魂一样是一种个体；但是，如果它不具有个体可以具有的意志和智力，那么它就会是一种身体的力量或法则，一种没有道德权威、只有潜在的或表象的存在的动力系统。因为成为现实的和自存的东西就意味着成为一个个体。充满活力的心灵不可能把自己的权利交给任何身体的力量或服从凭借自己的技艺所虚构的东西而不陷入明显的偶像崇拜。

人性是一切科学和道德的先验基础，从这个意义上说，它是每个人身上的功能统一性；它不是一般或抽象的本质、所有人品性的平均值，甚至也不是所有人共有特性的综合体。

> 自治的理性。

它是活的个体——无论他是典型的还是独一无二的——的隐德来希[①]。他的类型是奇特的还是普通的，那纯属身体上的偶然。如果他能够通过以恒定理想的形式表达自己本性中的隐德来希认识自己，那么他就是按照自己的方式行事的理性

----

①　隐德来希(entelechy)：哲学用语。指事物的完全实现。——译者

动物,即便他像圣托马斯①所说的天使一样,是他这个种群的最好
个体。大多数有人性的动物会趋向于什么,或者,一个种族过去和
将来的变异会是什么样,这与确定一个活人或一个由因精神上的
密切关系而结合在一起的人们组成的理想社会的人性理想没有任
何关系。否则的话,如果柏拉图不适应佛陀或卢梭的政治主张,他
就不可能就理想国作出精辟的推论,如果我们不向食人生番作出
让步或不投赞成蚂蚁的票,我们就无法确定自己的道德。在根据
颅骨的形状来检验人性的那种人类学的领域里,可能有许多独立
的道德家的地盘,而且虽然,像我们将会看到的那样,所有人甚至
所有动物的本性其实都有相似的基础,这种基础支承着所有人共
有的基本道德,可是完美的道德实际上并非为任何两人或同一个
人的任何两个人生阶段所共有。

理性的分配。　　尽管理性的分配是一个与纯逻辑或道德不
相干的论题,但理性的人天生对这个论题有兴
趣,因为他很想知道生命在多大程度上与适宜的结构和同他自己
相似的理想共存。如果他因为是人,所以是一种有同情心的群居
动物,那么上述情况就会大大影响他的幸福。他的道德理想主义
本身会渴望得到他人的支持,其目的如果不是为了获得指导,那么
至少也是为了获得温暖和勇气。财富的最佳部分是有优秀的继承
人,而心灵只能传递给同类的心灵。相互谩骂并不能使敌对的本
性和解,任何一方残忍的毁灭和消失也不能使它们和睦。但是当
一方或双方真的消失,争斗因缺乏争斗者而终止时,相互没有敌意

---

① 即中世纪神学家阿奎那。——译者

的本性就能填补这个空白。这些本性会按照它们天生的一致，培养相似的理想并一同为它的体现而感到高兴。

　　由于限制一个地区可能存在的生命形式的自然条件，全世界在某种程度上都出现过上述这种情况；因为大自然不能忍受自己的不严谨，她用死亡来惩罚太大的独创性

> 心灵的自然选择。

和异端。每个优秀的种族和健全的社会——它们的成员通过使自己适应同一些外部力量，创造和发现了他们共同的灵魂——都明显地出现过这种道德整体（integration）。精神的统一是自然的产物。有些人在永恒的价值面前看到巨大的奥秘，在运动的动物界看到不具人格的理想，并且想通过否认自然可以具有精神功能或者精神可以具有自然原因来解决他们所说的二元论问题；但是，如果我们像应该做的那样用存在来检验可能性，那么没有什么比这更简单的事情了。从存在推断可能性是有效的。[①] 自然是理想的完美花园，热情是诗歌、神话和思辨的永久沃土。这一起因也不完全是后来玩世不恭的观察者输入理想的：根据理想的题材和意图来看，它显然是在理想本身之中。因为除了自然存在和自然热情之外，理想还关乎些什么，还把什么理想化呢？如果那是小人物的无足轻重的理想，那么它实际上就是一个糟糕而多余的理想。理想的相关性把理想捆绑在自然上，逃避自然限制和辜负自然潜能的只是最蹩脚最不足取的理想、病态灵魂的理想。理想是自然之成功的先驱者或预告者，虽然理想后面的确不一定跟着它们的实现，因为自然只是自然，它必须摸索着前

---

　　① 　原文为拉丁文：*Ab esse ad posse valet illatio*。——译者

进；但是理想至少预示着完成的组织、最初的成就，后者往往会在这个世界中维持自身并使自己植根于这个世界。

当然，谈论自然的成功就是倒着输入成功；但是，当我们认为同一种功能平衡——它所效劳的灵魂在回顾它时把它看作是一种善——首先创造了个体存在，随之又创造了爱好的可能性和整个精神世界时，这种表达是可以被允许的；而把那种成就说成是一种使成功感（a sense of success）成为了可能和现实的成功，就不仅仅是一个隐喻了。那些予形作用（formations）是确实存在的价值或意向的条件，自然不可能关注或事先评价它们，这是一个显而易见的真理，无须重说；但是，那些予形作用一旦产生，它们就决定评价并确定爱好的方向，所以，从这样获得的优越地位来回顾，产生那些予形作用的进化势必显得被引向了现在已被区别出来并部分已达到的那种善。由于这个原因，创造被视为爱的工作，而从混沌中产生秩序的力量则被称作智力。

{ 活的稳定性。 }　　　可以说，这些自然的予形作用——它们往往都产生并实现自己的理想——是宇宙之流中的旋涡，它们无疑和向前流动的水流一样被机械地产生出来，不过，看上去好像是使它减速或倒流。继承以可辨认的节律，通过重复一系列阶段使流速减缓；记忆通过修改这种节律本身、把先前各个阶段并入随后产生的那些阶段而使它倒流。继承和记忆构成人性的稳定性。这种稳定性仍然是一种流变，因此它是相对的，而且基本上存在于重复之中。重复标志着仅仅在连续性方面所取得的某些进步，因为它保留形式而无视时间和物质。继承是较大规模的重复，它并不排斥自发的变异；而习惯和记忆则是一种个体内部的遗传,因为在此,作为返祖现象,老旧的知觉在前进中再现。生命就这样被丰富,而反应则适合更广阔的领域;这就好像一个音因为它的泛音和从前面那些音那儿继承来的张力而变得丰富,这种张力给予它新的背景。

进步并不在于变化,而是取决于保持(retentiveness)。如果变化是绝对的,那么就不会还有需要改进的存在,而且也不会确定能够改进的方向;如果不保留经验(比如在野蛮人那里),那么幼稚就会永驻。记不住以往经历的人只好重复这些经历。在生命的第一个阶段,心灵是轻浮的,很容易分散注意力;它由于缺乏连贯性和持久性而未能进步。儿童和野蛮人就属于这种情况,在他们那儿本能没有从经验中学到任何东西。在第二个阶段,人们顺从事件,很容易受新的习惯和暗示的影响,不过他们能把它们嫁接在原始的本能上,从而使原始的本能得到更大的满足。这属于成人的层面,是真正的进步。当最后一个阶段来临时,保持力已被耗尽,发生过的一切同时被忘却;徒劳的——因为是不切实际的,所以是徒劳的——重复过去取代了可塑性和富于创新精神的重新适应(fertile readaptation)。在运动的世界里,重新适应是长寿的代价。硬壳非但不保护生命力[1],相反还迫使它慢慢变弱,逐渐冷却;在这种情况下,早就应当通过生育能适应当代世界并能记取其教训的一代人来获得永生。因此,老年像青年一样健忘,而且比青

进步所必需的连续性。

---

[1]　生命力(the vital principle):被认为产生生命体的机能和活动的一种假定力量。——译者

年更固执;对于周围环境,它(老年)表现出同样的漠不关心;它(老年)的记忆成了自我重复,并且退化为像鸟鸣一样的本能反应。

> 变异的范围。精神,一种遗传物。

不过,并不是所有的重新适应都是进步,因为理想的身份不可丢失。当拉丁语变成意大利语时,拉丁语没有进步。它死了。它的"和蔼可亲的后嗣"也许会因为它的离去而安慰我们,但是它们抹杀不了这样一个事实:它们的"父母"已经死亡。所以,每个个体、民族和宗教的适应都有一定限度;只要它所接受的增加物是可以消化的,只要已经得到的组织不但没有被放弃而且还得到扩大和发展,它就会继续生长下去;但是当基础本身发生变化,中心处失去在周边获得的东西时,流变再次出现,进步不是真正的进步。因此,相继的若干代人、若干语言或若干宗教并不构成进步,除非某个一开始就存在的理想被传到终点并在那里作出更好的表达;没有这种核心部分的稳定性,就不存在什么共同的标准,而价值之间的所有对比都是外在的和随意的。我们必须重申:保持是进步的条件。

另外,人性并非任何方向的变异都愿意接受。有些变化会摧毁人性。人性只要存在一天,它就必须保留现在构成它的一切东西,必须保留到目前为止它所积累并使之成为其基本内容(substance)的一切东西。进步的谱系有如人的谱系,他绝不可能与一位祖先断绝关系。进步可以说是从一个点出发,到那个时候为止可以自由地朝着任何方向迈进。不过,一旦进化比如说朝着脊椎动物的方向迈出了一步,那就再也退不回去了,否则就会导致物种的灭绝。这种灭绝可能就发生在其他路线继续进步之时。像不复存在的脊椎动物一样,幸存的放射形无脊椎动物也能很好地表象和合法地延续生死两条支路分岔之前的一切;但脊椎动物的理想却永远失去了,而且沿着那条路线不可能再有什么进步了。

可完善性。　　　因此,精神进化的前途是不可限量的,但是它的特性却随着它一步一步向前迈进而越来越确定。人类除非灭亡,否则绝不可能放弃他的动物本性、饮食需求、有性繁殖法、对自然的看法、说话能力、音乐诗歌以及建筑的艺术。某些种族若抛弃他们的野性本能就不可能生存,一旦被囚禁就会像野生动物一样死去;而某些个人,当不再允许他们保有记忆、躯体乃至主要热情时,也会死去。因此,人性幸存于其具体化的不断波动之中。秋天,细枝和叶子会一点一点脱落;但与此同时,主干会长得更加粗壮,更加繁茂。有时整根枝条都枯萎了,但是其他枝条会继续旺盛地生长。像树液一样,精神协和(spiritual unity)也从共同的根流到最远端的每一朵花;但枝条在生长的每个分权处分离出来,任何枝条发生的事情与其他枝条没有直接的关系。一个时代和民族可能很难理解另一个时代和民族的产物;它们共同拥有的人性要素可能隐伏在更深的地方。所以,最高尚的东西可以传播给极少数人,不过,这些东西在这些少数人中可以得到最好的传播。一个人的继承物和天赋越是复杂和确定,他与其最近的亲属的共同之处就会越多,而且他永久性地留传和灌输给他的子孙后代的东西也会越多。文明是累积起来的。它走得越远越起劲,用有条不紊的兴趣取代动物的激愤和莫名其妙的热情。这种有条不紊的兴趣是可以分享的;只要认识到早已开始的一项工作正在日臻完善,一个绝不需要被弄得筋疲力竭的理想正在被具体化,我们就能永远追寻这些兴趣所开辟的无限前景。

自然与人性。 只要外部条件保持稳定不变,一个存在物的组织越庞大,它的力量显然也就越强大。如果基本条件确实已经改变,那么精细的生物就会率先死亡;因为它们的适应比较挑剔,而且它们的存在之不可逆转的核心相对来说也大得多;但在稳定的环境中,它们的装备使它们不可抗拒,并且使它们长期不变和得以繁衍。人是自然的一部分,自然的组织可以被视为人自己的组织的基础:因此,"自然"一词比它表面上给人的印象要少些歧义,因为每一种本性(nature)都是用一种更加具体、更加明确的形式表现出来的自然(nature)本身①。因此,人就表象了支承他的宇宙;人的存在证明了维持他生命的宇宙平衡是一种自然的平衡,它能长期保持。有些古人认为它是永恒的;现在物理学提出了不同的看法。但即便这种平衡——它使星星沿着自己的轨道运行并允许人类继续进步——基本上是不稳定的,它还是显示出自然可以达到多大的相对稳定性。假如这种平衡可以无限期地被保持下去,那么没有人能知道其中会发生多么奇妙的适应,特别是人性会达到多么卓越的地步。在大灾难发生之前,仍会有时间进行比道德哲学曾想望的还要多的改善,这也不是没有可能。因为值得注意的是,乌托邦一般都是空洞无物和缺乏想象力的。这种可能性是鼓舞人心的,并且有助于安慰那些认为生命的自然条件并不是能过美好生活的条件的人。本质进步的可能性和有朝一日进步与人生将会同归于尽的那种悲剧可能性有密切的关

---

① 英语"nature"是个多义词,其中既有"本性"的意思,又有"自然"的意思。——译者

系。如果当前的力量平衡是永恒的，那么对这种力量平衡的所有适应大概都已经发生了，而且虽然无须惧怕本质性的灾变，但我们不能指望在一切永恒中有什么本质性的改善。我不能确定，假如我们所知道的那种人性注定会永远存在，它是否会比具有不确定的弹性和朝不保夕的生活的人性呈现出更加令人振奋的景象。虽然人总有一死，但这也有补偿：一个补偿是一切邪恶都是短暂的，另一个补偿是更好的时光可以来临。

被简洁表述的人性。

于是，人性就把整个自然实体当作它的核心，因而是自然实体比较复杂的形成物之一。它的决定是进步的。它在它的历史显现中变化不定，并且慢慢淡化为——根据自然史——不再能被称作人的东西。它每时每刻都有自己固定、明确的隐德来希，即那个人的生命的理想，这一理想以他的本能为基础，集中体现在他的性格中，在他的反思中被弄清楚，并被所有得到了或可以继承他的组织的人所分享。他的感知和推理能力是人性的组成部分，这一点在他的身上得到了体现；一切信仰或欲望的对象，以及一切他也许能承认的正义和责任的标准，都是人性的副本，这些副本取决于人性，并且只有作为人性内在倾向的表达才能被证明是正当的。

人性的这个定义本身可以说是很清楚，并且也符合事实，但它也许还不足以清楚地说明有自然基础的理性生活如何在理想的世

留待以后对人性的具体描述。

界中具有创造性的绝对权威。因此，对人性更具体的描述，特别是当涉及某个道德权威在各个时代和地方的外延的这个重大实际问题取决于居住在这些地区的人们之间的亲近程度时，也许是恰

当的。概述人性及其理性功能将是下几本书的任务。对于读者来说，描述——多半必定是历史性描述——的真实性可能不是无关紧要的，因此只要陈述可与坦诚和简洁和谐并存，我将尽量避免在陈述中带有偏见；不过，即便某种偏见会显露出来，描述不符合历史事实，我们将试图说明的理性原则也不会因此而失效。要是想象似乎与现实一样令人感兴趣的话，那么人们可能就会在某个虚构的世界中寻求说明了，此外，现实还以无与伦比的雄辩坚持考虑中的主要原则，即：自然随身携带自己的理想，非理性冲动的进步组织创造理性的生活。

图书在版编目(CIP)数据

常识中的理性/(美)乔治·桑塔亚那著;徐奕春,胡溪,钟瑾珣译.—北京:商务印书馆,2023(2023.12重印)
ISBN 978-7-100-21200-7

Ⅰ.①常…　Ⅱ.①乔…②徐…③胡…④钟…
Ⅲ.①理性-研究　Ⅳ.①B017

中国版本图书馆 CIP 数据核字(2022)第 095543 号

常识中的理性
〔美〕乔治·桑塔亚那　著
徐奕春　胡　溪　钟瑾珣　译

商 务 印 书 馆 出 版
(北京王府井大街36号　邮政编码100710)
商 务 印 书 馆 发 行
北 京 冠 中 印 刷 厂 印 刷
ISBN 978-7-100-21200-7

2023年3月第1版　　　开本 850×1168 1/32
2023年12月北京第2次印刷　印张 7¼
定价:38.00 元